# BEI GRIN MACHT SICH IHR
# WISSEN BEZAHLT

D1744766

- Wir veröffentlichen Ihre Hausarbeit,
  Bachelor- und Masterarbeit

- Ihr eigenes eBook und Buch -
  weltweit in allen wichtigen Shops

- Verdienen Sie an jedem Verkauf

## Jetzt bei www.GRIN.com hochladen
## und kostenlos publizieren

Francesca Dukagjini

# Subjekt und System

## Niklas Luhmanns Kritik an der traditionellen Subjektphilosophie

GRIN Verlag

**Bibliografische Information der Deutschen Nationalbibliothek:**

Die Deutsche Bibliothek verzeichnet diese Publikation in der Deutschen National-
bibliografie; detaillierte bibliografische Daten sind im Internet über http://dnb.d-
nb.de/ abrufbar.

Dieses Werk sowie alle darin enthaltenen einzelnen Beiträge und Abbildungen
sind urheberrechtlich geschützt. Jede Verwertung, die nicht ausdrücklich vom
Urheberrechtsschutz zugelassen ist, bedarf der vorherigen Zustimmung des Verla-
ges. Das gilt insbesondere für Vervielfältigungen, Bearbeitungen, Übersetzungen,
Mikroverfilmungen, Auswertungen durch Datenbanken und für die Einspeicherung
und Verarbeitung in elektronische Systeme. Alle Rechte, auch die des auszugsweisen
Nachdrucks, der fotomechanischen Wiedergabe (einschließlich Mikrokopie) sowie
der Auswertung durch Datenbanken oder ähnliche Einrichtungen, vorbehalten.

**Impressum:**

Copyright © 2007 GRIN Verlag GmbH
Druck und Bindung: Books on Demand GmbH, Norderstedt Germany
ISBN: 978-3-640-95261-8

**Dieses Buch bei GRIN:**

http://www.grin.com/de/e-book/174598/subjekt-und-system

**GRIN - Your knowledge has value**

Der GRIN Verlag publiziert seit 1998 wissenschaftliche Arbeiten von Studenten, Hochschullehrern und anderen Akademikern als eBook und gedrucktes Buch. Die Verlagswebsite www.grin.com ist die ideale Plattform zur Veröffentlichung von Hausarbeiten, Abschlussarbeiten, wissenschaftlichen Aufsätzen, Dissertationen und Fachbüchern.

**Besuchen Sie uns im Internet:**

http://www.grin.com/

http://www.facebook.com/grincom

http://www.twitter.com/grin_com

# INHALTSVERZEICHNIS

1

VORWORT

*„Von Wahrheit spricht man nur, wenn die
Selektion der Information keinem der Beteiligten
zugerechnet wird."*

Niklas Luhmann

Niklas Luhmanns Kritik an der traditionellen Subjektphilosophie ist einmal wegen der Fülle seiner eigenen Werke weitreichend, aber auch dank der philosophiegeschichtlichen Betrachtungen im Rahmen seiner Gesellschaftstheorie recht umfassend. So hat Luhmann deutlich machen können, dass eine Kritik des Subjekts sich ebenfalls gegen die Fundierung in Ontologie und Metaphysik richtet, und die kritische Auseinandersetzung in dieser Arbeit folgt in diesem Sinne seiner gesamtgesellschaftlichen Betrachtung. Dabei verzichte ich auf eine vollständige Darstellung der Positionen der autopoietischen Systeme, sofern es sich um rein soziologisch von Belang seiende Aspekte handelt, die sich eher vom Thema der Komplementarität von Subjekt und System entfernen, als dass sie zur Klärung beitragen.

Die Einleitungen in die Geschichte der Philosophie und in die Systemtheorie der ersten beiden Kapitel sollen verdeutlichen, weshalb gerade eine soziologische Theorie in der Lage sein soll, die Philosophie auf „blinde Flecken" ihrer Beobachtung aufmerksam zu machen. Der Versuch einer Darstellung der wichtigsten Punkte der Kritik Luhmanns an Ontologie und Subjekt folgt im Anschluss. Wegen der Fülle subjekttheoretischer, aber eben auch metaphysischer und ontologischer Theorien der Philosophie soll im Anschluss – zur detaillierteren Analyse der „Treffsicherheit" systemtheoretischer Vorwürfe – am Beispiel *eines* Philosophen die Erörterung der Kritik stattfinden. Ich habe zu diesem Zweck Edmund Husserls Phänomenologie gewählt, einmal, weil Luhmann sich in seiner Kritik mehrfach direkt gegen die phänomenologische Methode wendet, andererseits aber auch – im systemischen Vokabular, versteht sich – ein Reihe von Parallelen im Theoriegerüst aufzufinden sind.

Aus eben diesem Grund schließt sich ein Kapitel an, in dem ich der Frage nachgehe, ob Luhmann die von ihm kritisierten Probleme mit den Modifikationen und begrifflichen Verlagerungen eigentlich selbst überwunden hat. Es handelt sich dabei vor allem um das Problem der Intersubjektivität, die seiner Ansicht nach nicht aus dem Subjekt hervorgehen kann und begrifflich eine Paradoxie darstellt.

In die Sprache der Theorie autopoietischer Systeme übersetzt, geht es um die Kopplung des Bewusstseinssystems mit dem Kommunikations-bzw. sozialen System. Auch bei Luhmann ist der Ausgangspunkt – in Analogie zum Husserlschen Subjekt – das geschlossen operierende System und der Übergang zur Sozialität scheint angesichts der von anderer Seite schon unterstellten *monologischen* Konstitution der Systeme (es sollte dabei die Frage gestellt werden: *welcher* Systeme eigentlich?) ebenfalls problematisch. Es wird sich zeigen, dass Luhmann es nicht schafft, den Übergang vom selbstreferenziellen, psychischen System zu einem an Kommunikation teilnehmenden System zu konstruieren, ohne dass nicht das psychische System immer schon teilnehmend bzw. kommunizierend gewesen sein muss. Mit einer Erörterung dieses Sachverhalts und einem Ausblick auf einen möglichen Ausweg aus dem *circulum vitiosus* schließe ich die Arbeit schließlich.

Francesca Dukagjini                                                    Berlin, den 27.11.2007

# EINLEITUNG

*„Wähnen nur
ist uns beschieden."*

Xenophanes, Eleat

## DIE ORDNUNG DES KOSMOS

Die Beziehung zwischen Objekt und Subjekt, Gehirn und Geist bildet für das philosophische Selbstverständnis eine Art „Weltknoten", wie Schopenhauer die Triebfeder der Philosophie seit 2500 Jahren einmal nannte. Stand für die griechische Mythologie das Chaos (griech. Gähnen) am Anfang allen Seins, so bildete Thales darauf eine Theorie des Urelementes Wasser ab. Anaximander, mit Thales einer der ersten Naturphilosophen, erklärte daraufhin, die ersten Lebewesen seien aus der Feuchte entstanden und entwickelte eine Evolutionstheorie, nach der Mensch tierische Vorfahren besessen habe. Phytagoras entwickelte aus seiner Vorstellung der Harmonie der Zahlen eine Ordnung der Mathematik, Heraklit den ‚logos' als geistiges Prinzip der Welt. Der Kosmos wurde als geordnet erkannt und das ohne Bezug auf Göttermythen, wenn auch in Einklang mit ihnen.

## LEIB UND SEELE IN ATHEN

Im Gefolge der Perserkriege entstand in Athen das Zentrum einer Philosophie, die den Menschen unmittelbar und ohne den Umweg über die Natur betrachtete: Sokrates, Platon und Aristoteles beschäftigte der Weltknoten der Beziehung von Leib und Seele ebenso wie das Verhältnis von Subjekt und Objekt. Aristoteles begründete dabei eine erste Form der Biologie, indem er das Leben als in Fortpflanzung und Ernährung begründet sah[1] - seien Beobachtungen bezogen sich dabei aber ebenfalls auf Pflanzen. Die enge Beziehung zwischen dem Geistigen und Materiellen, die seine Betrachtungen des Leib-Seele-Problems beherrschten, dehnten sich auch auf seine Teleologie aus. Doch trotz seines Einflusses kam es kurz später zur Entwicklung der Ventrikellehre, die ihre Wiederentdeckung in Descartes' Annahmen über die Funktion der Zirbeldrüse erhielten. Aber die wichtigste Annahme im Anschluss an Aristoteles blieb für lange Zeit die Unterscheidung vom Ganzen und den Teilen, deren unreflektierte Einheit, wie später Niklas Luhmann kritisiert, nicht expliziert, sondern nur „verdeckt"

---

[1] Heute würde man sagen: Autopoiese oder auch Reproduktion und Stoffwechsel

worden wäre durch die Aussage: „Das Ganze ist mehr als die Summe seiner Teile". Das mysteriöse „Mehr" zeige einen nie eingelösten Explikationsbedarf an. [2]

## DIE HELLENISTISCHEN NATURWISSENSCHAFTEN

In der hellenistischen Folgezeit stechen vor allem naturwissenschaftliche Entdeckungen hervor: Aristarch von Samos lehrt die Kreisbewegungen von Erde und Planeten um di Sonne, Erosthenes von Alexandria ermittelt mit Winkelbeziehungen und dem Stand der Sonne einen durchaus genauen Erdumfang und Heron von Alexandria entwickelt dampfgetriebene Turbinen und Maschinen, die den Impuls des Wassers nach dem Jet-Prinzip nutzen. In der Spätantike kommt es mit der großen religiösen Erlöserbewegung jedoch zu einem Einbruch der wissenschaftlichen Erkenntnis: angesichts der Vergänglichkeit von Welt und Leben und im Hinblick auf die Erlösung im Jenseits erscheinen wissenschaftliche Bemühungen des Diesseits wie Salomos' „Eitelkeit und ein Haschen nach Wind"[3].

## GRENZEN DER ERKENNTNIS

Um 1400 gibt es mit Nikolaus von Kues und seiner „docta ignorantia" bahnbrechende Einsichten, deren Bedeutung jedoch erst später und mit weiteren Entdeckungen zu ihrer vollen Tragweite gelangen: von Kues gelang die Einsicht in unüberwindliche Grenzen der Erkenntnis bezüglich wissenschaftlicher Genauigkeit wie auch theoretischer Zusammenhänge. „Zum einen stößt jede messende Bestimmung auf unvermeidliche Grenzen der Genauigkeit: *„Wir finden Gleichheit in gradweiser Näherung ... Deshalb wird Maß und Gemessenes trotz aller Angleichung immer verschieden bleiben."* Zum anderen ist es grundsätzlich unmöglich voraussetzungslos zu denken. Vielmehr ist Erkenntnis jeweils auf etwas bezogen, das stillschweigend oder ausdrücklich schon als bekannt vorausgesetzt wird."[4] Erst in den ersten Jahrzehnten des 20. Jahrhunderts gewinnt die Einsicht in die „Unbestimmtheit" der modernen Physik (in einem Wort: *Unschärferelation*) auch in philosophischer Sicht an Bedeutung – dann aber in der vollen Wucht einer alles mit sich reißenden Lawine. Etwa zur gleichen Zeit können Gödels Sätze über die Grenzen mathematischer

---

[2] Niklas Luhmann 1998, 413.

[3] Die Bibel, Altes Testament, Prediger 1: *Der Prediger Salomo – Alles irdische ist eitel*

[4] N. v. Kues in Alfred Gierer 1998, 35f. Nach A. Gierer 1998 schloss Cusanus daraus auf eine durchaus positive Einsicht: „Die Grenzen der Erkenntnis, ergründet durch Reflexion des Denkens über sich selbst, geben die „Schau" auf intuitive Zusammenhänge frei" (ebd.) Vgl. auch N. Luhmann 1998, 406.

Entscheidbarkeit zeigen, dass sich die Voraussetzungen formalen Denkens nicht vollständig durch formales Denken fassen lassen, was in der Konsequenz einmal auf die notwendig vorhandenen Voraussetzungen *jeder* (immanenten, evidenten usw.) Erkenntnis verweist und weiterhin die Vermutung stärkt, das Bewusstsein lasse sich nicht in mechanistisch-reduktionaler Weise naturwissenschaftlicher Betrachtung erklären.

## DER ZWEIFEL

Zuvor bedingte eine Abkehr von der religiösen Fundierung der Wissenschaften jedoch eine Verlagerung des Göttlichen als Letztbegründung und Möglichkeit absoluter Erkenntnis in das Bewusstsein, das nun als ein „über Empirizitäten hinausgehender ‚transzendentaler' Sachverhalt, als ‚Subjekt' der Welt"[5] begriffen werden musste. So konnte das Subjekt als Quelle der Erkenntnis gelten und gleichzeitig die Voraussetzungen seiner selbst als Bedingung der Quelle der Erkenntnis bilden: „An die Stelle der (‚religiös interpretierbaren) Ewigkeit tritt die unendliche Sukzession des Endlichen".[6] Descartes hatte als erster den Zweifel so weit ausgedehnt, bis nur dieser übrig blieb: aus seinem *dubito ergo sum* ließ sich nur noch folgern *cogito ergo sum*. Diese Selbstgewissheit hatte jedoch die Verabsolutierung der Rationalität zur Folge. Die Abkehr von aristotelischer, ganzheitlicher Denkweise zeigt sich auch in dem Bestreben Descartes' ein Organ auszumachen. An dem der Geist, die *Res cogitans*, auf die von ihm getrennt existierende Materie, die *Res extensa*, einwirkte – er entdeckte die Ventrikeln wieder und zog die Zirbeldrüse für diese Funktion in Betracht.

## DAS SUBJEKT IN HUMANISTISCHER TRADITION

In der humanistischen Tradition ist das Subjekt immer in Begriffen des Bewusstseins gefasst: das Subjekt denkt, nimmt wahr, fühlt usw. Dabei wird – in Differenz zum Tier (oder früher auch anderen Wesen) – der Mensch als *rational* verstanden, vernunftbegabt, mit einer Vernunft ausgestattet, die nur der „Ent-Wickelung"[7] bedarf. Während bei Kant die Freiheit des Selbst der praktischen Vernunft unterworfen ist, setzt es sich bei Fichte und Hegel *absolut*. Allerdings kann das rationale Selbst auch in Form eines Ordnungsprinzips gedeutet werden. Die Differenz von Subjekt und Objekt lenkt das

---

[5] Stefan Krempel 1995
[6] Niklas Luhmann 1998, 452
[7] Vgl. Kant 1999

Augenmerk auf die Differenz von Schein und Wirklichkeit, in der der Mensch die Fähigkeit zur Schau des wahren Seins erlernen kann und, so etwa in der hegelschen Dialektik, zu einer Einheit von „Subjektivem" und Objektivem" gelangen kann.

## DAS MORALISCHE SUBJEKT

Mit dem Zerfall der alten Welt und der Auflösung stratifikatorischen Gesellschaftsordnung verliert die Selbst-Vorstellung ihre Rückgebundenheit an die Natur, die ihre Perfektion oder die Entwicklung dazu garantierte. Das liberale Naturrecht des späten 17. Und 18. Jahrhunderts „hält mit seiner Doppelemphase von Vernunft und Individualität zwar am Postulat einer moralischen Integration der Gesellschaft fest, aber es entzieht zugleich der aus hauspflichten und Stratifikation gestützten alten Ordnung die moralische Legitimation, nämlich die Möglichkeit sich auf die Natur des Menschen zu berufen."[8] Eine Ironie, dass gerade die Moral in ihrer Binärschematisierung des Verhaltens in *gut* oder *schlecht* die Freiheit des Individuums konstatiert: „Nur frei gewähltes Verhalten könne moralisch beurteilt werden"[9], so begründet sich fortan die Verantwortlichkeit des autonomen Subjekts.

## SUBJEKTIVITÄT UND INDIVIDUALITÄT

Mit der Verabschiedung der „alteuropäischen Semantik" entwickelte sich das Subjekt von der Mensch-Tier-Unterscheidung zum in-Differenz-zur-Welt stehenden Subjekt. Erst um 1800 verschmelzen aber *Subjektivität* und *Individualität*: „Der Mensch wird als ein Wesen bestimmt, das sich selbst individualisiert: als selbstbezügliches Subjekt, das sich selbsttätig so viel Welt als möglich aneignet und sich dadurch selbst bestimmt."[10] Diese Selbststeigerung wurde als das Allgemeine im Menschen identifiziert, als die Aufgabe, „sich seines transzendentalen Selbst zu bemächtigen, das ich seines Ich zugleich zu sein."[11]

## DER BEGRIFF DER ONTOLOGIE

Um 1800 entwickelten sich aber auch naturphilosophisch neue Leitgedanken. Bei Schelling finden sich um 1800 Gedanken zur Selbstbezüglichkeit wie auch zur „kreisproduktionalen Geschlossenheit

---

[8] Luhmann 1998, 428
[9] Ebd.
[10] Luhmann 2005, 123
[11] Ebd. Auf die Problematik eines *allgemeinen Individuums* komme ich in Kap. 4 zurück.

organismischer Systeme, wie sie für [...] die Autopoiesistheorie typisch sind"[12], und Darwin verfasst

sein Werk über die Evolution durch natürliche Auslese. Die dominierende Welteinstellung Alteuropas

kann man zu dieser Zeit schon als Ontologie bezeichnen, die Entwicklung nötigte jedoch erst jetzt

dazu, dieses Paradigma auch zur Kenntnis zu nehmen: Im 17. Jahrhundert entwickelte sich deshalb der

Begriff der *Ontologie*. Der Naurbegriff hatte bis dahin alles abgedeckt, was nicht hergestellt war und

er enthielt „Naturdinge, die ihre eigene Natur kennen – eben Menschen und andere höhere Wesen."[13]

Alles Erkennen hatte in aristotelischer Tradition sein *telos* in der Feststellung des Seins. „Selbst eine

noch so weit getriebene Auflösung des Seins ins einzeln Seiende, etwa in der Monadologie von

Leipniz"[14] verließ sich noch auf die ontologische Rückversicherung in der „prä-stabilierten Harmonie"

der Natur.

## DIFFERENZEN

Mit der evolutionären Kosmologie leitete sich das Seiende nun nicht mehr aus einem transzendenten

Prinzip ab, sondern aus der Evolution und Selektion, aus der Geschichte, aus dem Gewesenen. In der

Neuzeit relativiert sich das ‚Dingschema' in mehreren Disziplinen – und mit ihm das Subjekt, Selbst,

Bewusstsein usw. Die Differenz von Subjekt und Objekt zerrt an ihrem Zweifel am ontologischen

Objekt ebenso wie an der Vorstellung von der Identität des ‚Ich'. In der Linguistik entwickelt sich das

Interesse an der Differenz von Wort und Bedeutung, das Wort wird als Zeichen oder Stellvertreter

identifiziert und der Sinn schiebt sich, etwa bei Saussure, zwischen die Worte. Sprache wird als ein

System von Differenz beobachtet. Rimbaud bezeichnet das ‚Ich' als einen Anderen.[15] Die

Psychoanalyse subsumiert mit Freud Bewusstsein als einen Sonderfall unter das Unterbewusstsein,

Nietzsche feiert den Sieg des Dionysischen über das Apollinische im Leben. Lacan entwickelt die

Thesen Freuds weiter und entdeckt das Subjekt als sich ewig ver-kennend zwischen Spiegelung

(imago) und Realität gefangen.

---

[12] Zülicke 2000, 18f
[13] Luhmann 1998, 411
[14] Ebd.
[15] „Je est un autre": Ich ist ein Anderer. Vgl. Henning Boëtius 1997

## ZEIT UND UNORDNUNG

Derweil entwickeln sich Ansätze für ein neues Verständnis des Menschen in der Naturwissenschaft. Bertalanffy entwickelt erste Vorstellungen zu einer Systemtheorie, basierend auf dem Begriff des Fließgleichgewichts. Der Fluss der Dinge war schon bei Heraklit von grundlegender Bedeutung gewesen (man denke an sein „panta rhei" – „alles fließt"), und auch aktuell ist der *Fluss* noch im Gespräch[16] (oder auch: das Gespräch noch im Fluss). Die Zeit erlebt mithin in der zweiten Hälfte des 20. Jahrhunderts einen Symmetriebruch in der Entdeckung der Entropie durch Clausius und Boltzmann: Der zweite Hauptsatz der Thermodynamik besagt, das Universum (genauer: abgeschlossene Systeme) ginge mit wachsender „Unordnung" dem sicheren Wärmetod entgegen[17]. Aber auch die Quantenmechanik hatte, wie schon angesprochen, ihre Wirkung. Neben der Kopenhagener Deutung wurden die Parallelwelttheorie, vor allem aber die Verantwortung des Wissenschaftlers diskutiert. Heisenberg schreibt dazu: „Als man denken konnte, die Physik werde weite Teile der Philosophie über den Haufen werfen, war die Philosophie in ihren ersten Repräsentanten schon Phänomenologie, war sie wieder Ethik, praktische Philosophie, war sie endlich analytische und Sprachphilosophie geworden, erhob sie nicht mehr den Anspruch, Ganzheitsmodelle zu begründen, weder für die wirkliche Welt, noch für irgendeine denkbare."[18]

## DAS ÖKONOMISCHE SUBJEKT UND SEINE AUFLÖSUNG

Das Rationalitätsschema als gesellschaftliches Ordnungsprinzip versucht sich mit der Einführung einer „invisible hand" vorerst noch zu retten, mit der Evolutionstheorie und der Relativierung des Handlungsbegriffs auf subjektive Präferenzen gewinnt der Zweifel jedoch letztlich die Oberhand, ob die Beziehung zwischen Individuum und Rationalität so weiter haltbar ist. In Gesellschafts- und Wirtschaftstheorien werden „rational choice" und der *homo oeconomicus* mit der Spieltheorie konträr diskutiert. Wittgenstein bezweifelt schließlich kommunikative Verständigung überhaupt, Derrida

---

[16] Vgl. Luhmann 1987, 395f
[17] Diese Theorie besagt, dass abgeschlossene (isolierte) Systeme, die weder Energie noch Materie mit ihrer Umwelt austauschen, die Tendenz haben, in den thermodynamischen Gleichgewichtszustand zu fallen, der durch ein Maximum an Entropie gekennzeichnet ist. In diesem Zustand, der irreversibel ist, kann das System keine weitere Arbeit leisten oder Entwicklung durchmachen. Er bedeutet gewissermaßen den Tod des Systems.
[18] Werner Heisenberg 1979, 122

bescheinigt dem Subjekt, sich in seiner Präsenz selbst aufzulösen.[19] In Kommunikationstheorien versucht man sich schließlich aus dem intellektuellen „Tod des Subjekts"[20], das so alt in dieser Form noch gar nicht geworden war, durch eine *intersubjektivische* Konstitution des Selbst unter Vermeidung des *Begriffs* ‚Subjekt' zu retten, ohne schließlich das Licht am Ende des Tunnels zu erreichen.

## DAS SUBJEKT WIRD PLURALISIERT UND FORMALISIERT

In den 1920ern Entwickelt sich schließlich der Begriff des „Individualismus", um das Subjekt nicht mehr nur von der Welt der Objekte sondern auch von anderen Subjekten zu unterscheiden.[21] Die allgemeine Psychologie in ihrem Bestreben nach Ganzheitlichkeit findet ihren Anschluss an Aristoteles und die Theorie der Neuronennetze an Demokrits reduktionistisch-mechanistische Philosophie.[22] Leitidee der Hirnforschung wird das Prinzip der Formalisierbarkeit: Was formalisierbar ist, ist mechanisierbar.

## DAS BIOLOGISCHE SELBST DER EVOLUTION

Evolutionsbiologisch kann das Selbst in seiner Ordnung wieder als „der Ordnung der Welt entsprechend" oder sogar „ihr zugrunde liegend" reformuliert werden: Die Biologie entdeckt das Autopoiese-Konzept und im Konstruktivismus entwickelt sich schließlich eine radikale Subjektivierung der Weltkonstitution. Und so wird das Selbst schließlich als eine prozessuale, zirkuläre Vernetzung, auf eine Substanz im Sinne Espinozas rückführbarer *causa sui* rekonstruiert.[23] Aber es bleibt der zweifel in Bezug auf selbstbezogene Fähigkeiten des Bewusstseins als prinzipieller Grenzen der Selbsterkenntnis.

## DAS SUBJEKT HEUTE

Heute ist Subjektivität „en vogue".[24] Der „Kult ums Ich"[25] findet seinen Niederschlag heute in gesamtgesellschaftlicher Thematisierung – das Selbst und der Körper geraten zu einem Wettkampf des Bewusstseins über die eigene Materie, Liebessemantiken kämpfen mit der Differenz von

---

[19] Vgl. Stefan Krempel 1995
[20] Ebd.
[21] Niklas Luhmann 2005, 123f
[22] Vgl. Alfred Gierer 1998, 164
[23] Vgl. Zülicke 2000
[24] Alfred Gierer 1998, 176
[25] Stefan Krempel 1995

Selbstverwirklichung und Gemeinsamkeit, der Arbeitsmarkt fordert Selbstbehauptung, die Werbung

imaginiert Individualität im Konsum usw. Goffman thematisiert die Selbstinszenierung, die das an

Individualitätszwang leidende Individuum immer häufiger in schwere Depressionen stürzt und

Luhmann findet das Individuelle allgemeinhin „copiert"[26]. Stefan Krempel fragt in einem Essay zum

*Subjekt zwischen Verschwinden und Selbstinszenierung*, ob unsere Selbstdarstellung vielleicht nicht

nur ein „Nichts" kaschiere[27], ein „simulacrum"[28], und Alfred Gierer bescheinigt der Erkenntniskritik

der modernen Wissenschaften in „Selbstbegrenzung und –bescheidung Revolutionspotential: „Diese

Öffnung wissenschaftlichen Denkens gehört zu den großen geistigen Revolutionen des zwanzigsten

Jahrhunderts".[29] Der „Weltknoten" Schopenhauers beschäftigt die Menschheit wie nie zuvor.

---

[26] Vgl. vor allem Luhmann 1994
[27] Stefan Krempel 1995
[28] Ebd.
[29] Alfred Gierer 1998, 244

# DAS SELBST IN SYSTEMTHEORETISCHER WANDLUNG

*„So wie man
Individuen zu suggerieren versucht, sie
Seien nicht nur wirklich, sondern
bedürften auch noch einer
Selbstverwirklichung. "*

Niklas Luhmann

## SELBSTDARSTELLUNG IN DER MODERNE

Die moderne Gesellschaft fordert dem Selbst eine Menge ab. Das zeigt sich zum einen im modernen Körperkult, aber auch in der Forderung nach Selbstmanagement, Imagepflege und dem „Zwang zur ständigen Selbstbespiegelung durch Konsum"[30], der in der Werbekommunikation seinen Niederschlag findet und im Anstieg der in Wohlstandsgesellschaften zur „Volkskrankheit" erklärten Depression als Resultat der Fülle einander widersprechender Vorbilder und Verhaltensmöglichkeiten. Die alteuropäische Tradition der Subjektphilosophie entstand aus einer Gesellschaftsform, wie sie heute nicht mehr existiert, und zwar weder im Hinblick auf Kommunikationsweisen, noch im Hinblick auf Differenzierungsformen; „Dennoch bleibt diese Tradition Bestandteil unserer geschichtlichen Überlieferung und in diesem Sinne orientierungsrelevantes Kulturgut"[31], stell Luhmann fest.

## DAS SUBJEKT WIRD DURCH EINE DIFFERENZ ERSETZT...

Luhmann verfolgt in seinen gesellschaftstheoretischen Überlegungen die These, dass sich die Änderungen der Subjektsemantik und damit verbunden des Bildes vom Menschen anhand sozialstruktureller Änderungen nachzeichnen und auch darin begründen lasse: „Man kann mithin wissenssoziologisch der Hypothese eines solchen Zusammenhangs von Semantik und Sozialstruktur aufgrund gewisser Anfangsplausibilitäten [...] nachgehen. Aber das überzeugendste Argument ist vielleicht, dass die Änderung der Sozialstruktur in Richtung auf funktionale Differenzierung erst Risse in, dann den vollständigen Zusammenbruch der ontologischen Metaphysik ausgelöst hat"[32]. Für die Formulierung seiner Gesellschaftstheorie fügt er die theoretischen Ressourcen für den zweifachen Paradigmenwechsel von außen in die Soziologie ein, orientiert sich an der Systemtheorie, der

---

[30] Stefan Krempel 1995
[31] Luhmann 1998, 404
[32] Luhmann 1998, 413

Kybernetik, cognitive sciences, Kommunikationstheorie und an Evolutionstheorien. Er unterläuft

damit die Dichotomie von Natur- und Geisteswissenschaften und erstellt einen interdisziplinären

Ansatz, in dem nicht mehr Objekte (und damit Subjekte) im Zentrum stehen, sondern

Unterscheidungen als Aufforderung, sie zu vollziehen. Unterscheidungen bilden dabei die Formen, die

gleichsam als Grenzlinien und Markierungen einer Differenz fungieren, deren Überschreiten Zeit

beansprucht und in diesem Sinne Selbstreferenz zeitlich entfaltet – die Systeme werden temporalisiert.

Angelehnt an die *Laws of Form* von George Spencer Brown[33] bildet das mehrfache Kreuzen derselben

Grenze (im Sinne von Selbstreferenz und Fremdreferenz) dabei keine Wiederholung: in der Theorie

autopoietischer Systeme reichert sich die Referenz dabei mit Zusatzsinn an, das Paradox der

Einführung der Identität in das Identische wird vermieden.

## ...UND VOM GESELLSCHAFTSBEGRIFF GETRENNT

Den wichtigsten Differenzpunkt zur humanistischen Theorie bildet die Verortung des Menschen

*außerhalb* der Gesellschaft – bisher stand er als Mensch, Subjekt oder Person innerhalb der sozialen

Ordnung. Doch trotz der gesellschaftlichen Externalisierung des Menschen muss die funktionale

Differenzierung der Gesellschaft in Systeme immer auf den Menschen zurückbezogen bleiben[34], der

Mensch als die Einheit des biologischen und psychischen Systems und in der Teilnahme an sozialen

Systemen wird nicht vergessen, sondern die Zusammenhänge der operational unterschiedenen

Wirkungszentren des Menschen erreicht einen wissenstheoretisch analysierbaren Status. Dazu zieht

Luhmann sich nicht auf eine erkenntnistheoretische oder semiotische Position zurück, wie er sagt,

sondern er beginnt mit der Beobachtung des Gegenstandes und lässt die Differenz von Erkenntnis und

Gegenstand zunächst ungenutzt. Seiner Meinung nach ist diese Vorgehensweise deshalb

gerechtfertigt, weil die Erkenntnis als Gegenstand der Theorie bei Erreichen eines notwendigen

Abstraktionsniveaus wieder auftauchen wird.[35] Als Resultat des zweifachen Paradigmenwechsels vom

Ganzen und seinen Teilen zur differenztheoretischen Analyse der Gesellschaft und zu einer Theorie

geschlossen operierender, autopoietischer Systeme, rückt die Figur der Selbstreferenz ins Zentrum der

Diskussion. Das Phänomen der Selbstbegegnung beruht bei Luhmann nun auf einer Differenzierung

---

[33] George Spencer Brown 1997
[34] Vgl. Luhmann 1987, 381
[35] Vgl. Luhmann 1987, 380f

13

von Erkenntnis und Gegenstand und markiert andererseits im Gegenstandsbereich den Punkt der Re-

Identifikation.

## DIE REFLEXION

Die Theorie selbstreferenzieller Systeme hatte dabei durch Luhmann mit dem Begriff der Autopoiese

in Hinsicht auf subjektphilosophische Tradition eine wichtige Ergänzung erfahren.36 War vorher nur

von reflexionsbegabten Subjekten die Rede gewesen, Reflexion somit auf Bewusstsein bezogen,

vollzog sich in den 50er Jahren ein erster Schritt der Erweiterung mit dem Begriff der

Selbstorganisation, mit dem aber Selbstreferenz nur noch auf die Strukturen der Systeme bezogen

blieb. Mit Luhmanns Version der Autopoiese ließ sich der Fokus auf die Letztelemente der Systeme,

im Falle dynamischer Systeme auf deren Operationen verschieben. Der Schwerpunkt lagert nun

deutlich in der Zeitdimension der Autopoiese als Selbsterhalt unter dem ständigen Vergehen der

momenthaften Elemente, die Grundfrage lautet: „Geht es weiter oder hört es auf?"37. Dank des

differenztheoretischen Paradigmas wird aber auch die Grundparadoxie aller Reflexion, die Einheit

sucht und Differenz erzeugt, herausgestellt. Reflexion erhält den Status eines beobachterkontingenten

Aspekts der Selbstreferenz, der die Differenz von System und Umwelt zugrunde liegt. Luhmann

knüpft mit diesem Begriff eng an die organismische Theorie autopoietischer Systeme an, die mit

Ausbildung einer Grenze (Membran o. ä.) die Differenz von System und Umwelt herstellen. Im Falle

des Bewusstseins führt der Mangel an offensichtlicher (räumlicher) Begrenzung offensichtlich zu

Unschärfen, die dann einen kartesischen Zweifel ebenso begründen wie die phänomenologische Suche

nach Methoden zum Auffinden letzter Wahrheiten. Auch Roths Überlegungen, das Nervensystem sei

eben deshalb *nicht* als autopoietisch anzusehen, finden hier ihren Anknüpfungspunkt.[38]

## KOGNITION

---

[36] Die kontroverse Diskussion darum, ob der von Maturana und Varela geschaffene Begriff der Autopoiese von Luhmann sozusagen zweckentfremdet und damit verfälscht würde, werde ich hier nicht führen. Es sei angemerkt, dass sich sowohl Maturana und Varela u. a. in *Der Diskurs des Radikalen Konstruktivismus* dazu äußern, als auch Luhmann an verschiedenen Stellen seines Werkes seine Verteidigungsschrift dazu führt.
[37] Luhmann 2005, 13
[38] Vgl. Roth 1987

14

In der Tradition hatte das Bewusstsein einen prominenten Platz in der Erkenntnistheorie. Erkennen verstand sich als Leistung des Bewusstseins und Erkenntnis als deren Resultat. Unausweichlich stellt sich die Frage: *wessen* Bewusstsein? Der Antwort wurde mit dem Verweis auf ein transzendentes Bewusstsein ausgewichen oder aber es wurde jedem Bewusstsein selbst zugetraut, die Bedingungen intersubjektiver Gültigkeit zu entscheiden. Der „empirische Gehalt dieser Zusatztheorien"[39] wurde dabei im Transzendentalismus negiert, im Intersubjektivismus in einen methodologischen Pragmatismus aufgelöst, und die Frage nach dem Beobachter blieb unbeantwortet.

Mit dem Übergang zur Theorie autopoietischer Systeme meint Luhmann nicht etwa Vorläufertheorien zu negieren, sondern den Traditionsbruch in Form einer allgemeineren Theorie der Kognition vollzogen zu haben: „Diese lässt sich mit zwei zusammenhängenden Thesen formulieren: 1. Jedes autopoietische System löst Probleme der *Kognition* im Vollzug seiner Autopoiesis; und 2. Autopoietische Systeme jeder Art (der Begriff ist dadurch definiert) sind *geschlossene* Systeme insofern, als sie auf der Ebene elementarer Operationen ihre Reproduktion ausschließlich selbst vollziehen und in dieser Hinsicht keine Operationen der Umwelt aufnehmen und mitwirken lassen können".[40] Geschlossenheit und Kognition ermöglichen sich und bedingen sich auf diese Weise wechselseitig und wie im Falle der Reflexion ermöglicht der Rückbezug auf die *biologische* Theorie autopoietischer Systeme eine umfassende Verallgemeinerung des Begriffs, mit der auch Kognition keineswegs mehr eine Leistung eines Subjekts oder Bewusstseins darstellt, sondern allein einen Mechanismus des Selbsterhalts der Systeme.

## DAS INDIVIDUUM UND DIE AUTONOME GESELLSCHAFT

Mit dem Wort *Gesellschaft* verbindet sich laut Luhmann keine eindeutige Vorstellung. Auch das *Soziale* besitze keine eindeutige Referenz. Aus erkenntnistheoretischen Gründen an die Unterscheidung Subjekt/Objekt gebunden, konnten traditionelle Theorien nur zwischen „Szientistisch-naiven" oder „transzendentaltheoretisch-reflektierten" Position wählen.[41] Mit der Aufgabe des auf Wirtschaft konzentrierten soziologischen Begriffs der Gesellschaft entbrannte eine Kontroverse

---

[39] Luhmann 2005, 99f
[40] Ebd.
[41] Luhmann 1998, 7f

zwischen Positionen der materiellen und der geistiger Determination der Gesellschaft. Das Individuum und seine Stellung geriet in ein Bezugsproblem zur Gesellschaft, wie die begrifflichen Hilfskonstruktionen „Sozialisation" und „Rolle" markieren. Die Vermittlung zwischen Individuum und Gesellschaft entwickelte sich zum Problem, während gleichzeitig das Problem der *Einheit der Differenz* von Individuum und Gesellschaft nicht erkannt wurde: basierend auf der Ganzes-Teile-Dichotomie bestand die Gesellschaft aus Individuen und bildete doch mehr als nur die Einheit ihrer Teile. „Die Gesellschaft wiegt nicht genauso viel wie alle Menschen zusammen und ändert auch nicht mit jeder Geburt und jedem Tod ihr Gewicht"[42], beschreibt Luhmann die Ungereimtheit. Indem er einen subjektunabhängigen Gesellschaftsbegriff konstruiert, ermöglicht er, die Gesellschaft nicht als Summe der beteiligten Individuen zu sehen, sondern ermöglicht ihnen mittels struktureller Kopplungen Teilnehmerperspektiven einzunehmen. Die Gesellschaft wird als umfassendes Kommunikationssystem autonom begriffen.

## KONSEQUENZEN DES VERALLGEMEINERTEN KOGNITIONSBEGRIFFS

Aber nicht nur theoriebautechnisch, auch empirisch entfernt sich Luhmann von traditionell soziologischen Methoden, die ihre Forscher anweise, „sich so zu verhalten, als ob sie ein einziges „Subjekt" seien".[43] Dabei führte die die soziologische Methode den ontologisch relevanten Unterschied von Denken und Sein fort, den Luhmann aus seiner konstruktivistischen Position heraus nicht mehr vertreten kann. Seiner Vermutung nach „könnte das Festhalten an derart unbrauchbaren Konzepten damit zusammenhängen, dass man die Gesellschaft als etwas denken möchte, das man von außen beobachten kann. Dabei muss man sich jedoch auf die Erkenntnistheorie stützen, die längst überholt ist – auf eine Erkenntnistheorie, die von der Unterscheidung Denken/Sein, Erkenntnis/Gegenstand, Subjekt/Objekt ausgeht und den Realvorgang des Erkennens aus der einen Seite dieser Unterscheidung dann nur noch als Reflexion erfassen kann.[44] Somit hinterlasse die gegenwärtige soziologische Theorie einen „zwiespältigen, janusköpfigen Eindruck: Sie benutzt Konzepte, die den Anschluss an die Tradition noch nicht aufgeben, aber schon Fragen ermöglichen

---

[42] Ebd., 11
[43] Ebd., 16
[44] Ebd. 14

16

[will], die ihren Rahmen sprengen könnten"[45].Davon sei man zwar spätestens seit dem *linguistic turn* in der Philosophie abgekommen, vermutlich sei aber die Problematik der autologischen Konzepte und die Erkenntnis um die Differenz in den Identitäten, denen man sich stellen müsse, wenn man den Übergang von *Was-Fragen* zu *Wie-Fragen* im Zuge der Entsubstanzialisierung, Deontologisierung und Detranszendentalisierung vollziehe[46], Grund für das Festhalten an überholten philosophischen Konzepten. Desweiteren müsse man aber eine noch sehr viel weiter reichende Prämisse akzeptieren, nämlich die, dass „die Wissenschaft es durchweg mit selbsterzeugten Ungewissheiten zu tun hat. Denn Gewissheit ist eine Form, die man nur verwenden kann, wenn man ihre andere Seite, die Ungewissheit, mit akzeptiert".[47] Die Systemtheorie behauptet nun nicht, die Gewissheit der Erkenntnis liege im *fundamentum in re, also im System*, sozusagen als Ergebnis seiner Leistungen, und die Ungewissheit sei entsprechend „draußen" zu verorten, als übermäßige Komplexität der Welt. Sie sagt vielmehr, dass das Schema gewiss/ungewiss eine Eigenleistung der Kognition ist, solange ihre Autopoiese läuft. Dabei sei *Information* zu verstehen im Sinne einer selektiven Behandlung von Differenzen und nicht im einfachen Input-Output-Schema traditionellen Kognitionsverständnisses. Information bestehe vielmehr darin, dass „der Erlebende Ereignisse gegen einen Horizont anderer Möglichkeiten projiziert und den eigenen Systemzustand durch die Erfahrung »dies und nichts anderes«, »dies und nicht das« festlegt."[48]

## DIE INDIVIDUALISIERUNG DES INDIVIDUUMS

Die Tradition hatte den Menschen im Unterschied zum Tier beschrieben und unter Verwendung von Begriffen wie *Vernunft, Verstand, Wille, Sittlichkeit* usw. Luhmann rekonstruiert die begriffsgeschichtliche Entwicklung anhand der Entwicklung sozialstruktureller Änderungen. Demnach hatte die industrielle Revolution eine Verlagerung der Beziehungsgefüge, in denen der Mensch seine Bedürfnisse verwirklichte, hin zu einem Typus unpersönlicher Beziehung angeregt. An der Differenzerfahrung persönlicher Beziehungen in Liebe und Familie und dem unpersönlichen Geschehen des Arbeitsmarktes konstituiert sich das Selbst fortan in seinem Bedarf einer eigenen

---

[45] Ebd.
[46] Vgl. Luhmann 1998, 14, 21
[47] Luhmann 1998, 57
[48] Luhmann 1994, 28

Identität entlang der eigenen Geschichte. Gleichzeitig verdichten sich in persönlichen Verhältnissen die Kommunikationen anhand einer Absenkung ihrer wechselseitigen Relevanzschwelle[49]. Bereits um die Mitte des 17. Jahrhunderts hatte sich ein neuer Person-Begriff gezeigt: „Person ist jetzt klug kontrollierte Erscheinung, nicht mehr Repräsentation eines Seins, sondern Präsentation eines Selbst, das sich für Zwecke des sozialen Verkehrs festlegt. Sie ist Seiendes mit Gedächtnis"[50]. Basierend auf dem Naturbegriff, der auch stratifikatorische Herrschaftsverhältnisse als *naturgegeben* betrachtete, umfasste dieser Person-Begriff jedoch nicht den in seinen Freiheitsgraden in der funktional sich ausdifferenzierenden modernen Gesellschaft erweiterten Begriff der Individualität. Erst als die religiös fundierte Welt/Gott-Unterscheidung nicht mehr ausreicht, um das Gefüge des Ganzen und seiner Teile zu erklären, verlagert sich das Problem in einer Doppelung *in den Menschen*. Ihm wird nun zugemutet, als Teil der Gesellschaft Ganzes und Teil zugleich zu sein, einerseits als „Hommes universel"[51] und andererseits als das transzendentale Subjekt gleichzeitig das *allgemein Menschliche* zu verkörpern und andererseits „in Höchstmaße individuell und damit einzigartig"[52] zu sein.

## DER MENSCH ALS OBJEKT SEINER SUBJEKTIVITÄT

Dabei wird der Mensch aber weiterhin dinganalog begriffen. Das Dingschema begründet auch die Vorstellung der Selbstbeschreibung als Kognition. Diese setzt voraus, dass „das erkennende Subjekt und das erkannte Objekt sich unterscheiden und trennen lassen, dass die Kognition besonderen Regeln unterworfen wird, die verhindern, dass die Eigenarten und Vorurteile der einzelnen Subjekte sich auswirken, und dass das Objekt [...] sich nicht dadurch ändert, dass es einem Verfahren des Erkanntwerdens ausgesetzt wird."[53] Jene letzte Voraussetzung war aber spätestens seit den Entdeckungen der Quantenphysik nicht mehr *unbedingt* gegeben und die beiden anderen Prämissen stellen sich in einer näheren Betrachtung als Zirkel dar: Das Kognitionsschema wird als ein Aspekt des Objekts aufgefasst, infolgedessen eine Erkenntnis vermöge seiner Eigenschaften im Objekt selbst

---

[49] Vgl. Luhmann 1994, 194ff
[50] Luhmann 1998, 410
[51] Luhmann 1998, 419
[52] Ebd. Vergleiche dazu auch den *Archimedischen Punkt* der Neuzeit nach Hannah Ahrendt 2002: „Anstatt mit objektiven Eigenschaften [...] finden wir uns mit den von uns selbst erschaffenen Apparaten konfrontiert, und anstatt der Natur oder einem Universum begegnen wir gewissermaßen immer nur uns selbst." (Ahrendt, vita activa, 333). Der Punkt, an dem „die Welt aus den Angeln" gehoben werden konnte, verlagerte sich mit der Entstehung der modernen Gesellschaft in das Selbst des Menschen (Ahrend, vita activa, 334).
[53] Luhmann 1998, 392

18

gründet, und gleichzeitig wird mithilfe dieses Schemas der Versuch unternommen, das Objekt als Objekt der Erkenntnis zu erklären. Mit der Entgegensetzung von Subjekt und Objekt und Subjektbegriff war aber gleichzeitig der Mensch auch aus der Realität der Dinge „wegmetaphysiziert"[54] worden, was in der Konsequenz heißt, dass er selbst für die *objektivierende* Beobachtung invisibilisiert worden war. So kommt es zur Doppelung des Selbst, das, sich als Subjekt zugrunde liegend, eine zweite Existenz als Objekt des Dingschemas der Beobachtung pflegen muss.

## DAS PROBLEM IDENTISCHER INDIVIDUEN

Erst in der Neuzeit verschiebt sich der Sinn von „Individuum" schließlich von seiner wörtlichen Bedeutung *Unteilbarkeit* auf *Einzigartigkeit*. Der Einfall, das menschliche Individuum als *Subjekt* zu bezeichnen, war allerdings nicht ganz neu. Die Vorbereitungen darauf finden sich bis in die Antike, vor allem mit dem Begriff der Seele und ihres „denkenden (und dabei das Denken denkenden) Teiles"[55]. Nach Luhmann kam es im 16. Und 17. Jahrhundert zu einer Spaltung von taktischer und innerer Individualität. Entsprechend schob sich die Unterscheidung innen/außen an die Stelle, die vordem die Unterscheidung oben/unten eingenommen hatte.[56] Im Kartesischen Zweifel zeigte sich dann auch die ontologische Fundierung dieser Unterscheidung, wenn das denkende Individuum sich zumindest seines Denkens gewiss sein könne – ob es nun falsch oder richtig denke: „Einige Zeit später wird das Individuum auch noch den Anspruch auf richtiges Denken aufgeben, es wird auf jeden sozialen Rang und selbst auf moralische Rechtfertigung verzichten und nur noch anders sein wollen als die anderen. [...] Aber genau darin sind sich, fatalerweise, dann alle Individuen gleich."[57] Wenn alle Individuen einzigartig sind, muss die Besonderung des Allgemeinen erklärt werden. Wenn dagegen Individuen als Zentren ihrer je eigenen Welt, als Leibnizsche Monaden oder als Subjekte gedacht werden, muss man erklären, wie trotzdem soziale Ordnung entstehen kann. Im transzendenten Sinne garantiert Subjekt-Sein *Einheit*, im empirischen Sinne stand sie für *Pluralität*.

Indem das ,Ich' in den Fokus des Erlebens rückt und ,Umwelt' entsprechend konturloser wird, gerinnen Systeme als Personen zu Erwartungskollagen, die im System als Anknüpfungspunkte für

[54] Luhmann 2005, 150
[55] Luhmann 1998, 461
[56] Ebd.
[57] Luhmann 1998, 462

weitere Selektionen fungieren. Die Ausgliederung des Subjekts aus der Natur, systemtheoretisch gesprochen die Differenz von System und Umwelt, ermöglicht aber intern nicht nur Freiheitsspielräume, sondern erzeugt eine Unbestimmtheit, die nur durch Strukturbildung reduziert werden kann.

## FAZIT

Es sollte nach diesen Ausführungen deutlich geworden sein, was die (soziologische) Theorie autopoietischer Systeme in die Lage versetzt, die alte Tradition ontologisch-transzendentaler Subjekttheorien zu kritisieren. Ihr umfassender Blick für soziokulturelle Veränderungen im Zusammenhang mit semantischen Umwälzungen und Ideenevolutionen bedeutet auch einen Blick für blinde Flecken der Beobachtung der traditionellen Philosophie.

Für die anschließende Diskussion der systemtheoretischen Kritik an der Subjektphilosophie, im Besonderen am Beispiel von Husserls Phänomenologie, möchte ich einige Punkte der Theorie selbstreferenzieller Systeme erinnern. Auf eine vollständige Darstellung des Theoriegebäudes verzichte ich zugunsten einer detaillierten Skizze der philosophisch relevanten Positionen.

# ASPEKTE DER SYSTEMTHEORIE

*„Das System tut, was es tut.“*
*„Form*
*erzeugt Form*
*erzeugt Form*
*erzeugt Form.“*

Niklas Luhmann

Durch die Leitdifferenz der Theorie autopoietischer Systeme, der Differenz von Identität und Differenz, löst Luhmann das Paradigma von Teil und Ganzem ab. Als Konsequenz daraus bildet Umwelt quasi die Voraussetzung der Systeme, weil Identität nur in Differenz besteht. Andersherum kann Selbstreferenz nur in Differenz zu Fremdreferenz bestehen, beide setzen sich somit wechselseitig voraus. In den Basiskategorien arrangiert sich Luhmann derweil Derrida ähnlich, wenn er mit der Temporalisierung der Elemente Zeit ebenso zentral stellt wie die Differenz und in Sinn den Verweisungsüberschuss, aber auch die Anschlussfähigkeit der Elemente, zumindest der psychischen und sozialen Systeme, sieht.

## SYSTEM UND UMWELT

Luhmann beginnt in einer Komplementärstellung zur Erkenntnistheorie, da er zuerst einmal von der Existenz der Systeme ausgeht, anstatt sie in ihrem Sein anzuzweifeln. Die Möglichkeit ihres Seins und ihrer Seinsweisen werden sich im weiteren Fragen in *Wie*-Kategorien ergeben, was ihm in der Hinsicht recht zu geben scheint, dass die Systemtheorie eine in sich geschlossene Theorie darstellt, die ihre Behauptungen nicht nur zirkulär hinterfragt, sondern auch das Hinterfragen selbst noch einmal analysiert. „Wenn Luhmann also vom selbstreferenziellen Systemen spricht, ist das zwar eine Aussage über die ‚Realität‘ von Systemen, aber es ist zugleich die Aussage eines beobachtenden Systems“, stell Christian Schuldt fest; Luhmann „verlagert den Erkenntnisstandpunkt vom Subjekt zurück in die beobachtete Realität und macht so die Theorie zum Bestandteil ihrer eigenen Gegenstände“.[58] Die Systeme gewinnen Umweltdifferenzierung aus Beobachtung, interne Differenzierung aus ihrer Autopoiese. Die Umwelt muss aus diesem Grund *notwendig* eine strukturierte sein, denn ein

---

[58] Schuldt 2006, 17

strukturloses Chaos wäre in seiner absoluten Unsicherheit nicht in der Lage, systeminterne Strukturbildung anzuregen. Die wechselseitige Beeinflussung von System und Umwelt bleibt dabei aber kausal kontingent, eine Maturanasche *Perturbation*[59], eine Störung, Irritation, mehr nicht. Doch weil Systeme sich in operativer Schließung als Form der Differenz von System und Umwelt erzeugen und in ihrer Reproduktion diese Differenz weiterhin verwenden, geht die Umwelt notwendig, wenn auch in einer stark reduzierten Form ihrer Komplexität, in das System ein. An den Berührpunkten von System und Umwelt entnimmt das System zum Erhalt der Autopoiese der Umwelt Energie bzw. Material, im Falle des Bewusstseinssystem Information, das bzw. die in die laufend vergehenden Elemente des Systems umgewandelt wird. In diesem Operieren besteht das Ziehen der Grenze und die Grenze wiederum steht ebenfalls für die Differenz von Selbstreferenz und Fremdreferenz, zu deren Wechsel das System also angehalten ist.

Die Umwelt, formloses Anderes, ähnelt dabei dem Husserlschen Welthorizont, der mit dem Innenhorizont in der Einheit der Differenz korrespondiert. Die Welt bildet dabei die unerreichbare, für das System nicht beobachtbare Grenze an Komplexität; jede Beobachtung der Welt, die im Wechsel von Fremdreferenz und Selbstreferenz die Beschreibung durch ein re-entry in das System transportiert[60], muss aufgrund der begrenzten Systemkapazitäten Komplexität reduzieren, eine vollständige Abbildung der Umwelt im System ist unmöglich[61]. Der Umweltbezug bildet dabei als Differenz von System und Umwelt nur eine Referenzrichtung, wodurch sich für Luhmann die ontologische Frage erst an diese Leitdifferenz anschließt. Die systeminterne Übersetzung der Relationen „in" der Umwelt bildet dann das „Verstehen" der Differenz von System und Umwelt und daraus folgend von Systemen in der Umwelt als Systeme aus.

---

[59] Vgl. Maturana, Varela 1984
[60] „Transportieren" darf hier nicht so verstanden werden, als würde aus der Umwelt etwas in das System gebracht werden, das im nächsten Moment also der Umwelt fehlte und das System bereichern würde. Die Beschreibung der Umwelt ist immer schon im System zu verorten, es handelt sich vielmehr um ein Operieren mit der Irritation durch die Umwelt, eine Form der systeminternen Interpretation der sinnlich (im Unterschied zu sinnhaft) bemerkbaren Perturbationen der Umwelt.
[61] Diese Relation von Welt und System, Welt und Subjekt, Totalität und Geist, findet sich in vielfacher Variation immer wieder in der Philosophie. Vgl. dazu z. B. auch E. Levinas, *Totalité et Infini*. Levinas unterscheidet dabei allerdings streng zwischen Totalität und Unendlichkeit der Welt. Der Solipsismus und mit Einschränkung der radikale Konstruktivismus dreht dieses Verhältnis um, indem die Welt im Geiste erschaffen wird.

## SELBSTREFERENZ UND AUTOPOIESE

Unter Selbstreferenz versteht Luhmann ganz allgemein die autopoietische Konstitution der für die

Selbstreproduktion notwendigen Elemente *unter der Bedingung*, dass für das System gleichzeitig eine

Verweisung auf diese Selbstkonstitution mitläuft. In eben diesem Sinne operieren autopoietische

Systeme geschlossen, „sie haben keine andere Form für Umweltkontakte als Selbstkontakt"[62]. Auf der

Basis der Elemente definiert Luhmann eine „basale Selbstreferenz" mit der zugrunde liegenden

Unterscheidung von „Element und Relation". In dieser Beobachtung ist das „Selbst, das sich referiert,

ein Element, z. B. ein Ereignis. [...] Basale Selbstreferenz ist die Mindestform der Selbstreferenz,

ohne die eine autopoietische Selbstreproduktion temporalisierter Systeme nicht möglich ist."[63] Diese

basale Selbstreferenz bildet die Grundlage jeder Autopoiese und findet mithin in jedem

autopoietischen System statt, indem sich Elemente als systemintern identifizieren und sich mit dieser

Operation auch die Grenze zur Umwelt, beispielsweise als Membran, ausbildet.

Die basale Selbstreferenz bildet damit auch die Grundlage jeder Selbstbeobachtung, wenn das System

seine Operationen darauf kontrolliert und Mechanismen beinhalten muss, die dafür Sorge tragen, dass

die Elemente die Selbstreproduktion des Systems fördern und nicht stören. Dass es sich dabei allein

um eine Unterscheidung eines beobachtenden Systems handelt, lässt sich zwar aus der Formulierung

herauslesen, die basale Selbstreferenz sei zwar konstitutives Erfordernis der Bildung

selbstreferenzieller Systeme, dabei aber „keine Systemreferenz, da das *bezeichnete* Selbst als Element,

nicht als System *intendiert* wird".[64] Die Leitunterscheidung dieser Beobachtung sei im Unterschied zur

Reflexion nicht System/Umwelt, sondern Element/Relation. Dabei stellt sich einmal die Frage,

inwieweit das Vorhandensein einer basalen Selbstreferenz in der Folge notwendig zum Auftreten der

weiter unten aufgegriffenen „prozessualen" und der „Systemreferenz" führen kann oder sogar muss,

---

[62] Luhmann 1987, 59. Ich gehe hier absichtlich nicht auf die Differenz des Autopoiesebegriffs von Maturana und Varela im Gegensatz zu Luhmanns Autopoiese der Bewusstseinssysteme ein, weil diese Diskussion einen anderen Schwerpunkt verlangte. Vgl. hierzu auch *Der Diskurs des radikalen Konstruktivismus*, Hrsg. S. J. Schmidt. Sofern die Operationen hinreichend Homogenität aufweisen, handelt es sich in Luhmanns Verständnis um eine autopoietische Selbstreferenz, vgl. Luhmann 1987, 7.
[63] Luhmann 1987, 44
[64] Ebd.

bzw. ob diese Formen von Selbstreferenz nicht allein durch den Beobachter/Bezeichner unterschieden sind.

In der Konsequenz dieser Überlegungen stellt sich die Frage nach dem Beobachter dieser Differenzen oder besser *Differenzierungen* von Selbstreferenz. Weiterhin sollte Beachtung finden, dass die verallgemeinerte Form der Reflexion in grundlegendem Sinne noch gar nicht zur Konstitution eines Selbstbewusstseins in Differenz zu anderen Bewusstseinen führen kann. „Von *Reflexion* wollen wir sprechen", definiert Luhmann, „wenn die Unterscheidung von *System* und *Umwelt* zugrunde liegt. Nur im Falle der Reflexion erfüllt die Selbstreferenz die Merkmale der Systemreferenz [...]. In diesem Falle ist das Selbst das System, dem die selbstreferenzielle Operation sich zurechnet. Sie vollzieht sich als Operation, mit der das System sich selbst im Unterschied von seiner Umwelt bezeichnet.[65] Ganz offenbar ist hier nicht die Rede davon, dass das System sich von *anderen Systemen in der Umwelt*unterscheidend bezeichnet. In diesem Sinne bezeichnet Luhmanns Reflexion nicht den Vollzug der Individuierung als Person oder Subjekt in Differenz zu anderen Personen oder Subjekten, genauso wenig wie sie den Menschen als Mensch im Unterschied zu anderen Menschen bezeichnet. Diese Operationen verortet Luhmann stattdessen im sozialen System der Kommunikationen und trennt damit das Selbst in ein eher *organismisches*, im Sinne eines *systemspezifischen* Selbst, und ein an Maturana angelehntes Selbst der Kommunikation oder auch ein *monologisches* Selbst. In dieser Doppelung steckt das Problem der Vermittlung von Bewusstseinssystem und sozialen Systemen, das ich im letzten Kapitel diskutieren werde.

SELBSTREFERENZ UND FREMDREFERENZ

Als Konsequenz des Differenzparadigmas ist Selbstreferenz nur in Differenz zu Fremdreferenz möglich. Daher konstituieren sich beide wechselseitig. Die Frage nach dem Wie des Kreuzens der Grenze zwischen den beiden Referenzformen ergibt sich in Betrachtung der (energetischen, materialen, informationsbezüglichen) Offenheit der Systeme. Im Falle des Bewusstseinssystems nennt Luhmann die „Letztelemente", die kleinsten möglichen Einheiten, mit denen das System operiert, „Gedanken" und – sofern sie beobachtete Einheiten darstellen, z. B. in der Rückbezüglichkeit der

[65] Luhmann 1987, 601

Reflexion – „Vorstellungen".[66] Eine Schnittstelle zu Ontologie und Metaphysik bildet dabei die

Feststellung, Vorstellungen seien immer Vorstellungen „von etwas".[67] Die *Vorstellung* als Einheit der

Differenz vom Gedanken und seiner Beobachtung, im Wechsel also von Selbstreferenz und

Fremdreferenz, ist in seinen Anschlussmöglichkeiten bistabil – es kann an die Selbstreferenz ebenso

wie an die Fremdreferenz angeschlossen werden -, als Einheit verdichtet sie außerdem Elemente zu

Identitäten, indem das *Etwas* der Vorstellung als Beobachtung dasselbe darstellt wie in der

Beobachtung des Gedankens.

## UNTERSCHEIDUNG UND BEOBACHTUNG

Beobachten ist das Handhaben einer Distinktion[68] - dieser Gedanke wird grundlegend behandelt in

Goerge Spencer Browns *Laws of Form*, auf die sich Luhmann (auch in Hinsicht auf das paradoxe

Oszillieren des *re-entrys*) bezieht. Was bei Spencer Brown das „cross" oder „token"[69] sind bei

Luhmann die „Grenze" als die für den Beobachter unbeobachtbare Unterscheidung oder der „blinde

Fleck" seiner Beobachtung[70]. Wenn Luhmann also davon spricht, dass jedes System folglich „blind"

operiert[71], ist darunter zweierlei zu verstehen: einmal ist das Beobachten die Operation, die ihren

blinden Fleck konstituiert, und zweitens ist mit Spencer Browns zirkulär angelegten Formenkalkül *der*

*Beobachter selbst* die erste Unterscheidung, die er treffen muss und deren Einheit für ihn

unbeobachtbar bleibt: die Einheit von System und Umwelt.[72]

Als eine Konsequenz dieses Ansatzes – unabhängig von meinen vorhergehenden Überlegungen zur

Doppelung des Selbst – gibt sich auch eine erste systemtheoretische Kritik an erkenntnistheoretischen

Vorstellungen vom „Ich", denn „wenn das System zu sich selbst oder von sich selbst „ich" sagt,

bezeichnet es immer schon die eine Seite dieser Unterscheidung: Es aktualisiert seine Selbstreferenz

[66] Luhmann 2005, 60
[67] Luhmann 2005, 61, Hervorhebung durch mich. Das Dingschema scheint mir im Übrigen in dieser Form nicht wirklich überwunden, wenn Luhmann auch die Möglichkeit der Einheit von Gedanke und Vorstellung postuliert, siehe Fortgang. Eine Ausarbeitung dieses Gedankens würde den Rahmen aber leider sprengen.
[68] Luhmann 1987, 22
[69] Vgl. Spencer Brown 1997
[70] Luhmann 1998, 27
[71] Luhmann 2005, 140
[72] Vgl. Spencer Brown 1997

und führt die Fremdreferenz als im Moment unerwähnt mit".[73] Das *Ich* differenziert sich also im Unterschied zur Umwelt des Systems aus, welches wegen ihrer Komplexität unbeobachtbar bleibt. Damit ist die Einheit der Unterscheidung nicht in vollem Maß erkenntnistheoretisch zugänglich, es bleibt nur der Ausweg der Approximation und das Verdrängen der Invisibilität ins Ideale oder Transzendentale. Auch die Selbst- bzw. Systembeobachtung als eine herausragende Form der Beobachter fällt unter diese Gesetzmäßigkeit des blind operierenden, unterscheidenden Bezeichnens, weshalb Luhmann in Komplementärstellung zur Erkenntnistheorie konzediert, dass es sich dabei nicht schon um eine auf „Erkenntnisgewinn spezialisierte Operation " handele: „In diesem Sinne verfügen alle Systeme, von denen wir zu handeln haben, über Fähigkeiten zur Selbstbeobachtung … wie sie selbst die Unterscheidung von System und Umwelt in Bezug auf sich selbst handhaben".[74]

## OPERATIONEN UND SELEKTIONEN

Die Differenz von System und Umwelt selbst ist im Vollzug der Selbstbeobachtung (Selbstreferenz) nicht „Träger der Operationen", weder im Sinne einer Substanz noch einer personifizierbaren Entität: „Sie ist weder Substanz noch Subjekt, tritt aber theoriegeschichtlich an die Stelle dieser klassischen Figuren. Operationen sind nur als Operationen eines Systems möglich, also nur auf der Innenseite der Form."[75] Die Differenz bildet vielmehr die Form für die Operationen der Beobachter der Systeme und kann, obwohl blind erzeugt, mittels rekursiver Operation für eine Ausdifferenzierung der Systeme zur Verfügung stehen. Die zeitliche Differenz der Operationen psychischer und kommunikativer Systeme bildet nach Luhmann dabei vermutlich die Grundlage für die Entwicklung struktureller Kopplungen, da die unterschiedlichen Ereignissequenzen und Operationsgeschwindigkeiten zur Synchronisation zwingen: Gedanken sind notwendig schneller als Kommunikation, was das Bewusstsein zu Konstitution einer Gleichzeitigkeit animiert, um als Unsicherheitsabsorbtion und also zum Erhalt der weiteren Operationsfähigkeit der Systeme die „Emergenz einer Welt, die unabhängig von Kognitionen

---

[73] Luhmann 2005, 140. Offenbar bleibt die Differenz des sprachlichen Bezeichnens des Systems in Differenz zu seiner Umwelt und des rein autopoietischen Abgrenzens einer möglicherweise *sprachunabhängig* definierten Reflexion hier durch Luhmann unbeachtet.
[74] Luhmann 1987, 245. Die Systeme, von denen hier zu handeln ist, sind psychische, also Bewusstseinssysteme, und soziale Systeme. Jene verfügen neben der basalen Selbstreferenz über die beiden strukturellen Steigerungsformen der Selbstreferenz, die als „Referenzrichtungen", s. Abschnitt Selbstreferenz und Autopoiese, nichts weiter als Formen der Beobachter darstellen.
[75] Luhmann 1998, 28

so ist, wie sie ist"[76] zu erzeugen. „Von irgendeiner Gleichartigkeit der Operationen und Zustände der strukturell gekoppelten Systeme" könne aber nicht die Rede sein, ebenso wenig wie von einer teleologischen Konstitution: „Die Systeme rechnen Zeitverhältnisse in Realität um, ohne damit konkret auf bestimmte Sinnformen vorzugreifen."[77]

## FREIHEIT UND HANDLUNG

Dabei besteht das Operieren in Form von Prozessieren von Unterscheidungen aus Selektionen, die Luhmann strikt vom handlungstheoretischen Verständnis unterschieden sehen will: „Selektion kann jetzt nicht mehr […] handlungsanalog begriffen werden. Sie ist ein subjektloser Vorgang, eine Operation, die durch Etablierung einer Differenz ausgelöst wird."[78] Die Zurechnung als Handlung findet dabei erst on sozialen Systemen statt.[79] Im Vollziehen der Selektion im Prozess begründet sich die Selektion einerseits in der Temporalisierung der prozessualen Ebene des Vorher und Nachher der Elemente, andererseits nötigt das Komplexitätsgefälle zur Umwelt zur Selektion von Information, Materie bzw. Energie, um den Prozess der Selbstreproduktion zu erhalten. Hier kann Luhmann einen ebenfalls ‚basalen' Begriff der Freiheit emanzipieren: „Komplexität besagt, dass eine Vielzahl von Elementen, hier Handlungen, nur selektiv verknüpft werden kann. Diese Notwendigkeit ist zugleich Freiheit, nämlich Freiheit zu unterschiedlicher Konditionierung der Selektion."[80] Da Freiheit ein Begriff der Zurechnung auf Handlung, also aus Sicht der Beobachter in einem sozialen System, mindestens aber einem Interaktionssystem ist, bezieht sich diese ‚Freiheit' natürlich auf Bewusstsein bzw. Kommunikation. Konditionierung darf dabei allerdings nicht im üblichen, psychologischen Sinne verstanden werden – unter eine vermeintlich teleologische oder wenigstens zweckmäßige Steuerung muss sich grundsätzlich der „Zufall"[81] der Umweltirritation mischen.[82] Evolution filtere dann „das heraus, was sowohl psychisch als auch sozial akzeptabel ist".[83]

---

[76] Luhmann 1998, 51f
[77] Ebd. Inwieweit *Realität* keine „Sinnform" darstellt, bleibt an dieser Stelle offen.
[78] Luhmann1987, 56f
[79] Vgl. Luhmann 1998, 506f u. a.
[80] Luhmann 1987, 291
[81] Luhmann 1998, 705
[82] Umweltirritation meint hier das Wechselspiel der Umwelteinwirkungen und der Systemreaktionen, das Maturana „Perturbationen" nennt, und zwar ebenso nicht in einem deterministischen, sondern in einem evolutionär verstandenen Sinne, wobei sich die Begriffe *Evolution* und *Morphogenese* in

# GEDÄCHTNIS

Die Selektion hat angesichts von Verzeitlichung und Komplexität die doppelte Funktion der historischen Festlegung des Systems, der Strukturbildung und damit der Kondensation von „Invarianzen" (wie Piaget sagen würde) bzw. Identitäten und andererseits des Vergessens, des Nicht-Anschließens, das Systemkapzitäten für die Gedächtnisfunktion bereitstellt. Das Gedächtnis wiederum testet die Operationen auf Konsistenz mit der Realitätskonstruktion bzw. ist Gedächtnis die Voraussetzung für Kognition in dem Sinne, dass durch das Kondensieren von *erinnerbaren* Operationen die Möglichkeit besteht, an vergangene Operationen anzuschließen.[84]

## PROZESSE UND STRUKTUREN

Zumindest was soziale und psychische Systeme betrifft, sieht die Systemtheorie also definitiv vor, dass diese über eine prozessuale, also temporalisierte Selbstreferenz verfügen.[85] Da prozessuale Selbstreferenz bzw. Reflexivität eine Form der Selbstbeobachtung darstellt, sind Strukturen Voraussetzung für Reflexivität: „Strukturbildung ist [...] auch Voraussetzung für jede *Beobachter und Beschreibung eines Systems,* und zwar für die Fremdbeobachtung (und –beschreibung) ebenso wie für die Selbstbeobachtung (und –beschreibung)".[86] Strukturen schränken die im System zugelassenen Relationen ein und der Strukturwert ergibt sich aus der relationalen Kontingenz der Elemente[87]. Indem Struktur unstrukturierte Komplexität in strukturierte überführt, wird eine Zeitdistanz überdauert,

---

Luhmanns Werken überlappen und er auch nicht, wie Maturana und Varela, zwischen Phylo- und Ontogenese differenziert.

[83] Luhmann 1987, 291

[84] Vgl. Luhmann 1998, 55. Luhmann hebt an dieser Stelle hervor, der Zusammenhang zwischen Evolution und einer Veränderung der kognitiven Fähigkeiten hochentwickelter Systeme solle nicht bestritten werden, doch er weist den kausalen Bedingungszusammenhang von Kognition, Anpassung und Evolution ab, an dieser Stelle leider ohne weitere Begründung. Klar ersichtlich scheint mir allerdings, dass Kausalität, also Effizienzerklärungen bzgl. der Anpassung in evolutionären Zusammenhang Beobachterabhängigkeit zeitigen und daher nachträglich kontextuierte Interpretationen des nicht-deterministischen Wechselspiels zwischen System und Umwelt darstellen.

[85] Obwohl die Autopoiesistheorie im Allgemeinen von einer ständigen (Re-)Produktion vergänglicher Elemente der Systeme ausgeht, möchte ich mich an dieser Stelle nicht auf das Terrain der Hypothese vorwagen, dieses Prozessieren – in einer gewissen, systeminternen Zeitlichkeit – wäre der Luhmannschen *Reflexivität* einfach gleichzusetzen. Auf gewisse Analogien der beiden Begriffe sei aber vorsorglich hingewiesen.

[86] Luhmann 1987, 387. Dabei kommt es nicht darauf an, jedes Element in seinem konkreten Zustand zu ermitteln, sondern die Struktur ermöglicht selektiv den Zugriff auf andere Beobachtungen, die in der Gedächtnisfunktion kondensieren. Die Selbst*beschreibung* erfordert nach Luhmann „ein Mindestmaß an Ausdifferenzierung der Reflexionskommunikation im System", heißt es in Luhmann 1987, 619. Inwiefern es sich dabei um Sprache handelt, sei an dieser Stelle noch außen vor belassen. Die Diskussion dieses Sachverhalts findet sich im letzten Kapitel dieser Arbeit.

[87] Vgl. Luhmann 1987, 384ff.

sodass die momenthaften Ereignisse und ihre Relationen in Zeitverhältnissen kondensieren. Der Prozess des Überführens eines *Vorher* in ein *Nachher* der Ereignisse ermöglicht die anschließende Selektion, ist irreversibel und vollzieht sich in reiner Aktualität, während die Struktur Möglichkeiten exkludiert und in Form von *Reversibilität* des Erinnerns eine gewisse Sicherheit schafft. „Während Strukturen bestimmte Möglichkeiten ausschließen, wählen Prozesse passende Anschlussmöglichkeiten aus. Strukturen bilden sich über Exklusion, Prozesse über Inklusion"[88] und beide zusammen ordnen Selektionen, steigern Systemkomplexität durch ein Abfangen der Komplexität der Umwelt und ermöglichen dem System so, der Umwelt mehr Informationen abzugewinnen.

## ERWARTUNGSSTRUKTUREN

Eine gesonderte Struktur bildet dabei die Erwartungsstruktur psychischer und sozialer Systeme.[89] Erwartung sei hier nicht als ein subjektiver, innerpsychischer Vorgang gemeint, sondern als eine abstrakte Sinnform, auf welche hin die Umwelt abgetastet würde. Dabei beruft sich das System nicht etwa auf Kenntnis der eigenen Umwelt, sondern auf die Beziehung zu sich selbst. Das ermöglicht es zu Ergebnissen zu kommen, „ohne dass man […] sich in der Umwelt auskennt. […] Man orientiert sich […] an der eigenen Bewusstseinsgeschichte"[90] und an einer an sich selbst erfahrbaren Differenz, somit also *innerhalb* des Systems: „Bezogen auf psychische Systeme verstehen wir unter Erwartung eine Orientierungsform, mit der das System die Kontingenz seiner Umwelt in Beziehung auf sich selbst abtastet und als eigene Ungewissheit in den Prozess autopoietischer Reproduktion übernimmt".[91] Erwartungen kondensieren dabei bzw. verdichten sich, sich selbst verstärkend, in Erfüllung und Enttäuschung des Auftretens von strukturell inkludiertem Sinn, zu so genannten „Ansprüchen".[92] Eine interne Anpassung an Systemzustände der Erfüllung bzw. Enttäuschung von Erwartung bietet das „Gefühl"[93] als ein vorübergehendes Auftreten eines psychisch wirksamen, biochemischen Zustands, der, in seinen biochemischen Variationen stark beschränkt, in reflexiver

---

[88] Schuldt 2006, 26
[89] Luhmann geht so weit zu sagen, dass alle sozialen Strukturen Erwartungsstrukturen seien. Vgl. Luhmann 1987, 397. Vor allem aber wird Erwartung als soziale Struktur eine wichtige Rolle spielen beim Erlernen von Verstehen als Voraussetzung zu Kommunikation.
[90] Luhmann 1987, 363
[91] Ebd., 362
[92] Ebd., 363
[93] U. a. Luhmann 1987, 363

Selbstbetrachtung unterschiedlich interpretiert werden kann. Gefühle stellen nach Luhmann ein „Immunsystem" des Systems dar, wenn sie vermittelst ihrer biochemischen Irritationen als Warnsignale auf riskante Strukturleistungen aufmerksam machen und das System zur Kursberichtigung zwingen.[94] Als soziale Struktur prozessiert Erwartung reflexiv das Problem doppelter Kontingenz.

REFLEXIVITÄT ODER PROZESSUALE SELBSTREFERENZ

Prozess und Struktur bilden „die beiden Komponenten der reproduktiven Selbstbestimmung"[95] und damit die Grundlage von Luhmanns zweiter Form der Selbstreferenz: der Reflexivität:"Von *Reflexivität* (prozessualer Selbstreferenz) wollen wir sprechen, wenn die Unterscheidung von *Vorher* und *Nachher* elementarer Ereignisse zugrunde liegt", heißt es in Luhmanns *Soziale Systeme*[96]. In Prozesse ist somit „zumindest ansatzweise ein Moment der Selbstbeobachtung eingebaut, die Einheit des Prozesses kommt in ihm selbst nochmals zum Zuge und kann dann dessen innere Unwahrscheinlichkeit, nämlich die Unwahrscheinlichkeit seiner Einzelereignisse, abbilden."[97] Ein solches Wiedereintreten ist demnach Merkmal eines Prozesses. Im Falle des Bewusstseins handelt es sich bei den temporalisierten Ereignissen um Gedanken. Der reflexive, auf sich selbst gerichtete Prozess muss also das Denken der Gedanken sein, die Beobachtung der Gedanken, die sich in der Beobachtung als *Vorstellungen* abzeichnen[98]; Im Falle der sozialen Systeme wirkt die prozessuale Reflexivität wie der Kontrollmechanismus zur Erhaltung des dynamischen Gleichgewichts des Systems. Die Sicherheit einer Struktur ergibt sich aus dem Verlust an Erklärungswert, den Ereignisse erleiden, sobald sich Prozesse bilden. Das Ereignis verweist in seinem Vorkommen auf frühere Selektionen und bildet daher einen „Prognosewert" aus.[99]

---

[94] Vgl. Luhmann 1987, 363f, vor allem Fußnote 27
[95] Luhmann 1987, 388
[96] Ebd., 601
[97] Ebd., 611
[98] Ich kann nicht umhin an dieser Stelle den volkstümlichen Spruch zu erinnern: *Denke nie gedacht zu haben, denn das Denken der Gedanken ist gedankenloses Denken.* Mit Luhmann hieße es folglich, das Denken der Gedanken sei ein Denken in Vorstellungen oder – literarisch der Spruchform angenähert – ein *vorstellungsreiches* Denken.
[99] Luhmann 1987, 610f

# ZEIT

Aus der Sequenzialität der Ereignisse in Irreversibilität modifizieren Prozesse zeitliche Selektionsabfolgen, die in Strukturen der Unsicherheitsabsorbtion zur Wiederverwendung zur Verfügung stehen. Die dabei entstandene Zeitdifferenz reversibler Strukturen und irreversibler Ereignisse führt zur Ausbildung eines systeminternen Zeitverhältnisses.[100] Während das Bewusstsein einerseits Gleichzeitigkeit in der Abfolge zu synchronisierender Bewusstseins- und Kommunikationsleistungen in einer gegenwärtigen Realitätskonstitution simuliert, findet in der Gegenwart alles, was stattfindet, tatsächlich *gleichzeitig* statt und verweist in der prozessualen Reflexivität somit auf das Kommen und Vergehen der gegenwärtigen Ereignisse: „Die Zeit wird zugleich als Gleichzeitigkeit und als Nacheinander begriffen"[101]. Das Kondensieren des Ereignisflusses in reflexiv erreichbaren Strukturen, die Erlangung der Gedächtnisfunktion, ordnet somit Informationen auch chronologisch. Neben der physischen Erfahrung der Räumlichkeit entsteht – zumindest in sinnverarbeitenden Systemen – die Vorstellung von Zukunft und *Vergangenheit*: „Die Zeit wird an konkreten Ereignissen erfahrbar, so wie der Raum an konkreten Plätzen, und ist ebenfalls nach Nähe/Ferne geordnet. Es gibt, wie im Raum, eine abzählbare, konditionierbare Nahzeit und eine unerreichbare, dunkle Fernzeit, in der Vergangenheit und Zukunft sich nicht unterscheiden lassen."[102]

Die „Nahvergangenheit" bezieht sich dabei auf das Gedächtnis des Systems, also auf die Strukturen, die „Nahzukunft" dagegen auf ihren Prognosewert: „Zeit lässt sich verstehen als Reduktion der Komplexität der Möglichkeiten, als Filter, der Mögliches in Wirkliches transformiert oder zwischen Komplexität und Aktualität vermittelt."[103] Dabei entstehen im rekursiven operieren des Systems „„Objekte" als systemspezifische „Eigenwerte", an denen entlang das System Stabilität und Wechsel beobachten kann."[104] Diese Identitäten entlasten das Gedächtnis, in ihnen werden Eigenschaften zu

---

[100] Vgl. Husserls „immanente Zeitlichkeit", die bei Luhmann dem Bewusstsein *in aktualer Prozession* nicht selbst zur Anschauung gegeben ist, sondern den blinden Fleck der Prozessualität darstellt und erst im Nachhinein der strukturellen Kondensation beobachtet werden kann, weshalb die prozessuale Selbstreferenz den Namen „Reflexivität" erhält. Auch Husserls immanente Zeit bedarf allerdings eines externen Beobachters, den er mit seiner ἐποχή nur verdeckt.
[101] Luhmann 1998, 460
[102] Luhmann1998, 114
[103] Luhmann 2000, 18
[104] Luhmann 1998, 263

*Objekten* räumlich wie auch zeitbezogen zusammengezogen, um Inkonsistenzen durch zu viel „heterogenes Material"[105] zu verhindern.

Gegenwart ist aber nichts anderes als die Differenz von Vergangenheit und Zukunft. „Sie ist keine eigenständige Zeitetappe, sondern nimmt nur so viel Operationszeit in Anspruch, wie benötigt wird, um Unterschiede in den Zeithorizonten der Vergangenheit und der Zukunft (in welcher sachlichen Hinsicht auch immer) zu beobachte. Wenn das Gedächtnis seine Funktion nur im aktuellen Operieren, also nur in der Gegenwart ausüben kann, so heißt dies: dass es mit der Differenz von Vergangenheit und Zukunft zu tun hat; dass es diesen Unterschied verwaltet – und nicht etwa einseitig vergangenheitsbezogen operiert."[106] Die Strukturdeterminiertheit des Systems ist folglich auch nicht als ein stabiles Gleichgewicht zu verstehen, aus dem heraus das System in die Zukunft hinein operiert, sondern das Operieren selbst konstituiert in jedem Moment den Verweisungshorizont in die Vergangenheit ebenso wie in die Zukunft und verändert dabei selbstverständlich im Kondensieren der Prozesse die Struktur der Determination.[107]

## SINN UND INFORMATION

Die Differenz von Vergangenheit und Zukunft steht Bewusstseins- und sozialen Systemen in Form von Sinn zur Verfügung. Sinn lässt also Identitäten entstehen, während er selbst ein Produkt der Operationen des jeweiligen Systems ist: „Identitäten „bestehen" nicht, sie haben nur die Funktion, Rekursionen zu ordnen, so dass man bei allem prozessieren von Sinn auf etwas wiederholt Verwendbares zurück- und vorgreifen kann. Das erfordert selektives Kondensieren und zugleich konfirmierendes Generalisieren von etwas, was im Unterschied zu anderem als Dasselbe bezeichnet werden kann."[108] Dass sinnhafte Identitäten (empirische Objekte, Symbole, Zeichen, Zahlen, Sätze usw.) nur rekursiv erzeugt werden können, hat epistemologische Konsequenzen: Einerseits wird dadurch klar, dass der Sinn solcher Entitäten weit über das hinausreicht, was im Moment einer

---

[105] Ebd. Dies Verdichten von Sinn ist vergleichbar mit der Ähnlichkeitsassoziation Husserls. Die *Objekte* sind aber nicht im Sinne der Subjekt-Objekt-Differenz zu verstehen, sondern wie erwähnt als „Eigenwerte des Systems". Hier zeigt sich der konstruktivistische Zug der Theorie der autopoietischen Systeme.
[106] Ebd.
[107] Es handelt sich also nicht einfach um eine Form der Homöostase, treffender bleib der Vergleich mit Bertalanffys Fließgleichgewicht, allerdings ohne die Annahme einer prä-stabilierten Ordnung.
[108] Luhmann 1998, 21

Beobachtungsoperation erfasst werden kann. Andererseits heißt dies gerade nicht, dass es solche Gegenstände immer schon und auch dann gibt, wenn sie nicht beobachtet werden: „Unterhalb der Prämissen der traditionellen logisch-ontologischen Realitätsauffassung wird eine weitere Ebene, ein weiteres operatives Geschehen sichtbar, das Gegenstände und Möglichkeiten, sie zu bezeichnen, überhaupt erst konstituiert."[109] Der Verweis auf *altbekannten* Sinn beinhaltet demnach immer auch die Kontingenz, denselben Gegenstand unter anderem Aspekt beobachtet haben zu können und gegebenenfalls zu einem anderen Sinn gekommen sein zu können; Die Zukunft allen Sinnes bleibt ebenso unbestimmt.

Zeit selbst „zwingt" dazu, Sinn von Information zu unterscheiden, da Information nur in reiner Aktualität und als einmalig vorkommen kann – eine Information, die zum zweiten oder dritten Male aufgenommen wird, besitzt keinen Informationswert mehr, während eine wiederholte Mitteilung desselben Inhalts aber dennoch Sinn machen kann. *Sinn* bedeutet demnach erst einmal das Medium der Darstellung in Kommunikation oder Gedanken und gleichzeitig Reduktion der Komplexität – eigener und der der Umwelt; Sinn bedeutet ein Prozessieren entlang einer bestimmten Form mit einem Überschuss an Verweisungen, auf Aktuelles ebenso wie auf Mögliches. Sinn selbst ist dabei autologisch, er kann sich nur in seinem eigenen Medium erklären, der Prozess tritt im Falle von Sinn also nicht nur in einer Hinsicht in sich selbst wieder ein. Dabei muss im Medium Sinn als Komplexitätsreduktion zur Darstellung von Sachverhalten (interner oder externer) generalisiert werden: „Ganz grob skizziert handelt es sich darum, dass eine Mehrheit einer Einheit zugeordnet und durch sie symbolisiert wird. Dadurch entsteht eine Differenz von operativer (oder prozessualer) und symbolischer Ebene, die ein selbstreferenzielles Operieren überhaupt erst ermöglicht."[110] Das selbstreferenzielle Prozessieren von Sinn erfordert aufgrund der eingeschränkten „sensorischen und motorischen Kapazität des Systems demnach eine *symbolische Generalisierung*". Der Begriff Symbol/symbolisch soll dabei das Medium der Einheitsbildung bezeichnen, der Begriff Generalisierung ihre Funktion der operativen Behandlung einer Vielheit."[111]

[109] Ebd.
[110] Luhmann 1987, 135
[111] Ebd.

# HANDLUNG

Eine Reduktion der Komplexität aller Sinn-volle Unterscheidungen der Welt und ihrer Beobachtung

stellt die Dekomposition des Sinnes in drei Dimensionen dar: Die Sachdimension als eine *„primäre*

*Disjunktion"*, die Zeitdimension und ihrer Unterscheidung von Vorher und Nachher und die soziale

Dimension des Sinnes, der, oberflächlich betrachtet, nur in sozialen Systemen von Bedeutung sein

kann. Dabei reichert die Sozialdimension das Geflecht der Verweisungen von sachlicher (physischer)

Abhängigkeit von Momenten und Dauer zur Existenz, wie auch die zeitliche Abhängigkeit von

räumlich anschaulichem Werden und Vergehen, mit der für die Systemtheorie typischen

Beobachterperspektive an: Weder ist es ohne eine Beobachterperspektive von Belang, ob ein Ding, in

Objekt, ein Körper physischer Ausdehnung (als ein *sachverhaltlicher*) Zeit benötigt, um etwa über

atomare Schwingungen seine Existenz zu erhalten, noch besteht ohne den Beobachter die Frage, ob

denn Zeit, sofern sie nicht an einer physischen (sachlichen/sachverhaltlichen) Gegebenheit sich in

Veränderlichkeiten zeigt, möglich oder zumindest vorstellbar wäre. Und der Beobachter wiederum

wäre nichts ohne Sozialdimension, wenn er, wie hier, als biosoziales Wesen vorgestellt wird, das sich

über Sinn und seine Aspekte Gedanken macht. Und nichts anderes ist das Sinnsystem Bewusstsein,

das sich in Co-Evolution mit dem sozialen System entwickelte.[112]

## KONSEQUENZEN DER RADIKALISIERUNG DES SINNBEGRIFFS

„Dass alles Beobachten auf Unterscheidungen angewiesen ist, erklärt den Sinnreichtum der Welt.

Denn man kann das, was man bezeichnet, identifizieren, indem man es immer wieder anderen

Unterscheidungen aussetzt. [...] Die ontologischen Metaphysik der Tradition hatte dem freien Lauf

---

[112] Die Co-Evolution von Kommunikationssystemen und Bewusstseinssystemen beweise sich an eben dem gemeinsamen Medium Sinn. Dazu heißt es ausführlicher: „Kein Zweifel [...], dass psychische Systeme und soziale Systeme im Wege der Co-Evolution entstanden sind. Das zeigt sich schon am gemeinsamen Gebrauch von Sinn zur Darstellung und Reduktion von (eigener und umweltlicher) Komplexität. Ebenso gewiss ist aber auch die autopoietische Differenz: [...] Beide verwenden ein je verschiedenes Medium ihrer Reproduktion: Bewusstsein bzw. Kommunikation. [...] Das soziale System stellt die eigene Komplexität, die den Test der kommunikativen Handhabbarkeit bestanden hat, dem psychischen System zur Verfügung. Die für diesen Transfer entwickelte evolutionäre Errungenschaft ist die Sprache" (Luhmann 1987, 367). Es scheint hier, als entwickelten sich Bewusstsein und Sozialität bzw. Gemeinschaft – Intersubjektivität? – gemeinsam. Dies zu zeigen oder zu widerlegen wird Inhalt des letzten Kapitels sein. Interessant ist außerdem, dass Sprache an dieser Stelle eindeutig als evolutionär errungene Kopplung von psychischen und sozialen Systemen herausgestellt wird. Damit ist eigentlich schon gesagt, dass die systeminterne Selbstbeschreibung nicht notwendig in sprachlicher Form stattfindet. Das zeigt sich auch, wenn Luhmann fortfährt: „Psychische Prozesse sind keine sprachlichen Prozesse, und auch Denken ist keineswegs „inneres Reden". [...] Es fehlt schon der „innere Adressat"" (ebd.).

gelassen – aber gedeckt durch die Annahme transzendenter Grenzwerte.“[113] Das Seiende wurde unter

der Form des Dings, der *res* oder *substantia* begriffen. Die Zeit wies auf einen „Ursprung“, der bei

allem Wechsel der laufend aktualisierten Unterscheidungen derselbe blieb (und zwar jeweils

gegenwärtig derselbe). Und dieser Ursprung wurde letztlich in Gott transzendiert als das einzige sich

nicht durch Unterscheidungen definierende Wesen.

Die Radikalisierung des Sinnbegriffs als Medium für ein unterscheidungsabhängiges Beobachten

erlaubt eine Auflösung dieser Prämissen und begründet somit die Trinität von Sinn: „In allen

Sinndimensionen kann die Welt jetzt begriffen werden als der Rahmen (oder mit Husserl: der

Horizont), der ein Auswechseln von Unterscheidungen erlaubt, mit denen man Dasselbe beobachtet.

Das setzt aber voraus, dass die Welt nicht mehr als Gesamtheit der Dinge und ihrer Beziehungen

begriffen wird, sondern als das Unbeobachtbare schlechthin, das mit jedem Wechsel der

Unterscheidungen reproduziert wird.“[114] Die soziale Sinndimension betrifft vor allem das, was aus der

Beobachterperspektive als *Handlung* identifiziert bzw. erlebt wird, und dies Erleben selbst. Eine

Beobachtung in der sozialen Dimension hat, unter bestimmten Voraussetzungen, die noch genauer zu

bestimmen sein werden, *Verstehen* zum Resultat, indem die Differenz von System und Umwelt sich

weiter ausdifferenziert in Umwelt und Systeme-in-der-Umwelt. Aus dem Verstehen anderer Systeme

als sinnhaft prozessierend resultiert in der Ego/Alter ego-Unterscheidung[115] durch Zurechnung von

Handlung die *Personalisierung* der Systeme. „Nichts zwingt dazu, die Lösung des Problems der

doppelten Kontingenz ausschließlich in immer schon vorhandenem Konsens […] in der

Sozialdimension zu suchen“[116], behauptet Luhmann. Vielmehr ist es die doppelte Kontingenz der

sozialen Situation, die ein Zurechnen notwendig macht. „Kontingenz ist etwas, was weder notwendig

noch unmöglich ist […]. Der Begriff bezeichnet mithin Gegebenes […] im Hinblick auf mögliches

Anderssein.“[117] Die doppelte Kontingenz der sozialen Situation bezeichnet mithin die „unendlich

---

[113] Luhmann 1998, 25
[114] Ebd.
[115] Dazu heißt es explizit: „Die Begriffe Ego und Alter sollen mithin offen halten, ob es sich um psychische oder um soziale Systeme handelt“, Luhmann 1987, 152.
[116] Luhmann 1987, 150
[117] Luhmann 1987, 152

offene, in ihrem Grunde dem fremden Zugriff entzogene Möglichkeiten der Sinnbestimmung"[118], und

zwar im Hinblick auf ein *wechselseitig* gegebenes, „offenes Potential für Sinnbestimmung".[119]

## INTERPENETRATION STATT INTERSUBJEKTIVITÄT

Um Anschlussverhalten also aus der Kontingenz zu befreien, leistet die Zurechnung ein Überziehen

der Information und überführt sie in die Identität einer Person. Dabei soll die Alter ego/Ego-

Beziehung nach Luhmann gerade nicht im traditionellen Sinne ein Subjekt kondensieren, verfestigen

und damit die Dynamik der kontingenten Situation sprengen. „Die Formulierung des Problems der

doppelten Kontingenz wird dazu verführen, sich auf beiden Seiten, als Ego und Alter, Menschen,

Subjekte, Individuen, Personen als voll konkretisierte Existenzen vorzustellen. Das ist weder ganz

falsch noch ganz richtig."[120] Indem er die soziale Situationskonstellation in den Begriff der

„Interpenetration" bringt, leistet er den Versuch, Alter ego/Ego-Beziehungen aus der traditionellen

Behandlungsweise als Intersubjektivität zu lösen, die „mit Begriffen wie „Wechselwirkung",

Spiegelung", „Reziprozität der Perspektiven" oder gar „Reziprozität der Leistungen" [...] in einer Art

symmetrischer Verklammerung Verschiedenes"[121] zu vereinen sucht. *Interpenetration* besagt dabei

vor allem, dass jedes Handeln gleichzeitig Erleben und jedes Erleben auch Handeln ist und vollzieht

so theoriebautechnisch die Symmetrisierung des vermeintlich Verschiedenen. Die Personalisierung der

Zurechnung *asymmetrisiert* schließlich aus den o. g. Gründen die Situation für die Beteiligten.

## INTERAKTIONSSYSTEME ALS GRUNDSTEIN FÜR SOZIALITÄT

Das grundlegendste soziale System ist das Interaktionssystem. Gerade in Interaktionssystemen seien

Handlung und Beobachtung kaum auseinander zu halten.[122] Das unbestimmbare Sinnprozessieren der

„black boxes", die „füreinander nicht durchsichtig und nicht kalkulierbar sind"[123], führt mithin zur

Unterstellung von Determinierbarkeit, mit der die Systeme sich gegenseitig erfahrungsgemäß besser

koordinieren. Erkennbares Verhalten ist sowieso schon Reduktion in mehrfacher Hinsicht: Das

handelnde System hat sein Verhalten aus dem Überschuss an Möglichkeiten selektiert und das

---

[118] Ebd.
[119] Luhmann 1987, 151
[120] Luhmann 1987, 153
[121] Ebd.
[122] Vgl. Luhmann 1987, 468
[123] Luhmann 1987, 156

beobachtende (erlebende) System erfährt aus der Umwelt notwendig nur selektive Information.[124] „Mit

dem Versuch, ihn [den Anderen] aus seiner Umwelt heraus zu beeinflussen, kann man Glück haben

und Erfahrungen sammeln"[125], lautet dabei Luhmanns einfache Erklärung, wie Systeme zur Erkenntnis

anderer Systeme als sinnprozessierende Systeme in ihrer Umwelt gelangen.[126] Interaktionen bilden

über Erwartung hinaus in diesem Sinne Vertrauen und Misstrauen aus. Vertrauen ist dabei die die

vorhandenen Informationen überziehende, supererogatorische Leistung eines Systems. Notwendig für

die Herausbildung von Vertrauen ist nach Luhmann die Identität der Systeme, also ihre Personalität,

auf die man rechnen kann, die also zukünftige Kontingenz durch Prognostizierbarkeit des Verhaltens

reduziert. Dabei können sich bildende Gefühlsbeziehungen (nicht allein Intimbeziehungen), aber auch

eine gelungene, das heißt beständig authentische Selbstdarstellung als Mechanismen zur

Vertrauensbildung führen. Ebenso wie Erwartung bildet sich das Vertrauen durch Versuch, „Glück",

„Ausprobieren".[127] Allerdings hält Luhmann für das Verhalten der Interaktionsteilnehmer nicht allein

die innersystemischen Zustände für verantwortlich. Vielmehr sei es in den meisten Fällen ausreichend,

die Situation zu kenne, um erfolgreich Erwartungsstrukturen für das Verhalten der Anderen

auszubilden: „Wenn ein Beobachter Verhalten auf Individuen zurechnet und nicht auf soziale

Systeme, ist das *seine* Entscheidung".[128]

KOMMUNIKATION

Unter Kommunikation versteht sich zuerst einmal allgemein das Prozessieren von Selektionen;

Kommunikation „greift aus dem je aktuellen Verweisungshorizont, den sie selbst erst konstituiert,

*etwas* heraus und lässt *anderes* beiseite.[129] Dabei setzt sich komm aber aus drei Selektionen

zusammen, denn Mitteilen oder nicht, Verstehen wollen/können oder nicht und die Auswahl der

---

[124] Luhmann betont natürlich, dass Handeln auch immer eine Perspektive des Erlebens beinhaltet und Erleben andersherum auch ein Handeln darstellt.
[125] Luhmann 1987, 156
[126] Der Versuch, den Anderen als determiniert zu behandeln und ihn aus dieser Überlegung zu beeinflussen, resultiert nach Luhmann allein aus der Notwendigkeit der Komplexitätsreduktion in doppelt kontingenten Situationen. Unklar bleibt, woran Systeme doppelt kontingente Situationen erkennen, sofern sie nicht schon um die Strukturdeterminiertheit anderer Systeme wissen.
[127] Vgl. Luhmann 2000, aber auch Luhmann 1987, 362f
[128] Luhmann 1987, 347. Auch diese Einschränkung löst nicht das Problem des Zirkels der Systeme in der Umwelt. Denn ein System muss schon auf die Idee gekommen sein, andere Systeme könnten wie es selbst situationsdefiniert handeln, um aus der Kenntnis der Situation heraus Verhalten zu Prognostizieren.
[129] Luhmann 1987, 194

Information bilden eine Trinität von Selektionen, die sich erst zur Kommunikation vereinen. „Dass

*Verstehen* ein unerlässliches Moment" ist, hat für die Theorie selbstreferenzieller Systeme eine

weitere, ausschlaggebende Konsequenz: „Daraus folgt [...], dass Kommunikation *nur als*

*selbstreferenzieller Prozess möglich ist*".[130] Annahme oder Ablehnung von Kommunikation bilden

dabei keine Einschränkung des Kommunikationsbegriffs, weil sie je schon zur Kommunikation

gehören, die Möglichkeit der Ablehnung sogar die Unwahrscheinlichkeit ihres Zustandekommens und

damit die Ausbildung von generalisierten Kommunikationsmedien garantiert. Generalisierte

Kommunikationsmedien sollen die Annahmebereitschaft erhöhen und bilden folglich

*Pressionselemente.* Dabei handelt es sich nicht, wie häufig unterstellt, um Codierungen, die den

Sinnreichtum und die Diversibilität von Kommunikation generell reduzieren, sondern allein um eine

Strukturierung in verallgemeinerte Themen, die von einem Beobachter auszumachen sind, der

beispielsweise feststellt, dass es in einer Bäckerei *trotz* aller Gespräche über das Wetter, die finanzielle

Lage des Landes und den eigenen Hund *in der Hauptsache* darum geht Brot zu kaufen.[131]

Kommunikation sei evolutionär entstanden, schreibt Luhmann, genauer: in Co-Evolution mit dem

zweiten, sinnverarbeitenden Systemtyp, dem Bewusstsein[132]. Soziale Systeme bestehen dabei

allerdings aus mehr als nur Kommunikation. In Interaktionssystemen kommt mindestens der

nonverbale Umgang mit Dingen oder einfach nur das Verhalten im Raum anwesender Personen hinzu,

wobei sich bei allem, sofern Kommunikation einmal entstanden ist, fragen lässt, ob das beobachtete

Verhalten als Kommunikation zu interpretieren sei oder nicht. Andererseits stellt sich die Frage, „ob

man einen Unterschied von Mitteilungsverhalten und Information überhaupt beobachten könnte, wenn

es keine Sprache, also keine Erfahrung mit Sprache gäbe. Außerdem ist interpretierbares Verhalten

immer so situationsspezifisch bestimmt, dass kein Spielraum besteht für eine Differenzierung von

---

[130] Luhmann 1987, 198
[131] So etwa bei H.P. Krüger, wenn er meint feststellen zu können,. Laut der Codierungen in Luhmanns Systemtheorie könne es beispielsweise innerhalb des Wirtschaftssystems allein um Kaufen/nicht Kaufen gehen – und sonst nichts. „Insofern müssten Luhmanns symbolisch generalisierte Kommunikationsmedien besser *Medien zur radikalen Einschränkung gesellschaftlicher Kommunikationsmöglichkeiten* heißen", folgert er logisch aus solcher Reduktion, H.-P. Krüger 1993, 90. Ich denke, dass in Kommunikation sich die Systeme der Gesellschaft immer überschneiden und der Akt des Kaufens beispielsweise den wirtschaftlichen *Aspekt* einer Kommunikation darstellt. Mit dem Argument der Ausbildung vermehrt unpersönlicher Beziehungen in der sich funktional ausdifferenzierenden Gesellschaft gewinnt meine These Gewicht, weil die unpersönlichen Beziehungen tatsächlich zu thematisch eingeschränkterer Themenwahl der Kommunikation führen.
[132] Vgl. Luhmann 1998, 210

Medium und Form; genau das leistet aber die Sprache".[133] Prä-kommunikativ, vor aller Sprache, das

bedeutet für Luhmann „noch nicht sinnkonstituierend", als noch keine Zusammenhänge erkennender

Auslöser für reine „anticipatory reactions", die allenfalls zur Morphogenese *relativ* komplexer,

sozialer Ordnungen führen können, „allein unter der Voraussetzung, dass reaktive Verhaltensmuster

auf ihre eigenen Resultate wieder angewandt werden".[134] Einer solchen Ordnung traut Luhmann

allerdings nur ein stark beschränktes Formbildungspotential zu, wie es beispielsweise in primitiven

Gesellschaften höherer Tiere die Randordnung und Partnerwahl regelt.[i] „Im vorsprachlichen Bereich,

ja selbst im Verhältnis von Menschen und Tieren", führt er in Analogie zu Husserl, Lévinas und

anderen Philosophen weiter aus, „findet man die wohl wichtigste Vorbereitung für die Evolution von

Sprache: das Wahrnehmen des Wahrnehmens und insbesondere: das Wahrnehmen des

wahrgenommen Werdens."[135] Mit der Sprache gewinne der Mensch dann allerdings auch die

Möglichkeit zu Täuschung und Irrtum.[136]

REFLEXION

Aus der Definition der Reflexion autopoietischer Systeme lässt sich hervorheben: Bewusste Systeme

verfügen über die Möglichkeit der Vorstellung ihrer Identität, ohne damit besagen zu wollen, in

welcher Form diese vorliegt. Die „*Einführung der Einheit des Systems in das System* [...] ist möglich,

wenn und soweit es dem System gelingt, sich in der offenen Form von „alle meine Gedanken" zu

identifizieren."[137] Diesen Gedanken verfolgt auch Husserl und findet die *Allheit*, das einzige „Meine"

gerade im Fluss der Ereignisse, in dem sie in ihrem Kommen und Vergehen zu – eben *meiner* –

Vergangenheit bzw. zu meinem Erwartungshorizont kondensieren. Damit trifft er aber nur Luhmanns

Reflexivität, die prozessuale Selbstreferenz des Vorher und Nachher; in dieser Form „weiß" sich das

---

[133] Luhmann 1998, 281
[134] Ebd.
[135] Ebd.
[136] Ebd. In dem Band *The Great Ape Project*, herausgegeben von Paola Cavalieri und Peter Singer, stellen die verschiedenen Autoren allerdings mehrfach dar, dass auch nichtsprachliche Tiere zur Täuschung anderer Tiere in der Lage seien. Es scheint evident, dass dasselbe für den Irrtum gilt. Ohne diese Thesen in der vorliegenden Arbeit diskutieren zu können, möchte ich jedoch eines konstatieren: Luhmann hat es an dieser Stelle versäumt, Täuschung und Irrtum als Begriffe einer *sprachlich*-kommunikativen Ebene zu kennzeichnen.
[137] Luhmann 2005, 78

System aber nach Luhmann nicht in Differenz zur Umwelt, sondern es weiß sich nur als Prozess als ein Selbst.[138]

Die Reflexion fällt normal unter die Selbstbeobachtung und Selbstbeschreibung, allerdings erfordere sie ein „Mindestmaß an Ausdifferenzierung der Reflexionskommunikation im System"[139], denn anders könne nicht klargestellt werden, dass es sich um eine im System praktizierte Unterscheidung handele, die der Differenz von System und Umwelt einen Sinn gibt, der nicht ohne weiteres auch für die Umwelt gilt. Es handelt sich bei der Reflexion um einen „selbstreferenziell-geschlossenen Prozess, dem die objektivierenden, Standpunkte neutralisierenden Qualitäten der Fremdbeobachtung notwendigerweise fehlen."[140] Die Selbstreferenz ist dabei als vom klassischen Subjektverständnis gelöst zu verstehen, da sie in der Form der Reflexion allein die Einheit, die ein System *für sich selbst ist* bezeichnet. Der Begriff behauptet ja sogar, dass die Einheit nur durch eine *relationierende Operation* zustande gebracht werden kann und nicht als Individuum, Substanz oder Idee immer schon allem zugrunde liegt.[141] Vor aller Reflexion liegt allerdings die Voraussetzung der basalen, mitlaufenden Selbstreferenz, die die Autopoiese des Systems als eine einfache Diskriminierfähigkeit hervorbringt, Ihre Konsequenz der Geschlossenheit des Systems liefert eben jene notwendige Möglichkeit zur Offenheit, in der sich Sinn mit Zusatzsinn anreichert, wenn Selbstreferenz sich selbst in Fremdreferenz unterbricht. Damit wird weder eine Tautologie produziert, noch einfach ein Abbild des Systems in die Selbstbeschreibung überführt.

Der Reflexion liegt mithin die Differenz von System und Umwelt zugrunde, sie ist Systemreferenz, ihr Selbst der Selbstbeobachtung ist das System, das sich von der Umwelt unterschieden weiß. „Die Form von Selbstreferenz/Fremdreferenz individualisiert das System" – das liegt an der *Bistabilität* der Form. Das System hat nur zwei Referenzen zur Verfügung: sich selbst und die Umwelt, es „ist nicht auf Einwertigkeit der Operation festgelegt, denn dann könnt es sich nicht von der Umwelt

---

[138] Husserls Subjekt befindet sich dagegen immer schon entweder in Differenz zur Welt *oder* in Differenz zum Objekt.
[139] Luhmann 1987, 619. Bleibt zu fragen, wer da wohl mit wem kommuniziert?
[140] Luhmann 1987, 623
[141] Vgl. Luhmann 1987, 158. Nach dieser Definition muss sich Reflexion nicht einmal allein auf Bewusstsein beziehen, Luhmann sieht sie sogar explizit von dem traditionellen Standort im Bewusstsein abgelöst. Es scheint vielmehr so, dass er sie mit der Forderung nach einer Reflexions*kommunikation **in der Kommunikation*** verorten würde, müsste er die Operation einem der Systeme zuordnen.

unterscheiden"[142]. Ein individuelles System aber kann sich selbst beobachten und beschreiben, „wenn es dafür Differenz und Limitation organisieren kann".[143] Ob es sich allerdings auch als Individuum identifizieren würde, als ein Subjekt, wenn nicht schon ein gesellschaftliches Verständnis dieser Begriffe vorbereitet wäre, geht aus der Form der Reflexion allein nicht hervor. „Es würde damit die eigene Individualität als Selbstbeschreibungsformular verwenden", und würde nur feststellen, dass „es sich als Individuum reproduziert und dass es sich damit aus der Umwelt ausgrenzt. […] und dies auch nur mit den Mitteln der ohnehin laufenden Autopoiese des Bewusstseins, also auch nur für ihre Dauer", heißt es bei Luhmann dazu.[144]

## FAZIT

Individualität käme so gesehen nur für einen Beobachter zustande, der das System von außen als ein System in einer Umwelt oder als Form in einem Kontext sieht und es so als unverwechselbar identifizieren kann oder muss. Für sich selbst ist das System nie verwechselbar, also auch nicht unverwechselbar, sondern nur der schlichte Vollzug der Autopoiese selbst.[145] Angesichts dessen scheint es für Luhmann als Soziologen selbstverständlich, die Bedingungen für eine solche Duplizierung der ohnehin laufenden Reproduktion des Bewusstseins im Prozess der Selbstbeschreibung als einen sozialen Anlass zu identifizieren.[146] Die Reflexion hat demnach, indem sie sich als sozialer Vollzug identifizierte, den Übergang vom Einzelsystem zur Gemeinschaft vollzogen, ohne dass Luhmann meiner Ansicht nach deutlich werden ließ, wie die autopoietische Geschlossenheit in der Idee anderer strukturdeterminierter Systeme wirklich zu überwinden war.

---

[142] Luhmann 2005, 139
[143] Luhmann 1998, 360
[144] Ebd.
[145] Vgl. Luhmann 2005, 78
[146] „Weshalb sollte sonst die ohnehin laufende Reproduktion des Bewusstseins im Prozess der Beobachtung und Beschreibung nochmals dupliziert werden? Können es etwa soziale Bedingungen sein, die *dazu* Anlass geben?", heißt es ebd. Dabei ist augenfällig, dass Luhmann zwar nicht nach *Gründen*, sondern nach Bedingungen fragt, die Anlass gäben, doch handelt es sich hier um eine beobachterabhängige, kausale Zuschreibung.

# NIKLAS LUHMANNS KRITIK
# AN DER TRADITIONELLEN
# SUBJEKTPHILOSOPHIE

*„Ich, Weisheit,*
*wohne bei der Klugheit.*
*Gott hat mich geschaffen*
*Als den Anfang seiner Wege,*
*als das früheste*
*seiner Werke*
*vor den Zeiten... und meine Lust ist*
*bei den Menschenkindern."*

Altes Testament

## EINFÜHRUNG

Die Kritik Niklas Luhmanns an der Subjektphilosophie ist, wie aus der Einführung ersichtlich

geworden sein sollte, schon aus philosophiegeschichtlichen Gründen nicht allein auf die Verwendung

des Begriffs ‚Subjekt' zu beschränken. Die Tradition des Subjekts ist einerseits auf ontologischem

Grund entstanden und andererseits end mit der Leitdifferenz des Ganzen und seiner Teile verwoben,

sie beherrscht die Positionen der Erkenntnistheorien und findet ihre letzte Bastion in der

Handlungstheorie als „historischer Reminiszenz".[147] Die Anführungen der vorangegangenen Kapitel

beanspruchen sicherlich keinen Anspruch auf Vollständigkeit. Dementsprechend weitläufig ist jedoch

die systemtheoretische Auseinandersetzung mit dem Subjekt. Luhmann setzt sich in

differenztheoretischer Weise mit dem Begriff ‚Subjekt', der scheinbar synonymen Verwendung von

‚Bewusstsein', ‚Ich' und ‚Person' auseinander und beleuchtet epistemologische Konsequenzen. Das

Subjekt selbst hält sich er für ein semantisches *solus ipse* und ‚Inter-Subjektivität' für ein logisches

Paradoxon. Die Ontologie muss sich eine kritische Analyse ihrer Leitdifferenz des Seins und des

Nicht-Seins gefallen lassen, während die Phänomenologie ihre „wahren" Erkenntnisse wegen der

Diversibilität der zum Bewusstseinsfluss gezählten Operationen nur durch Transzendenz gewinnen

könne und gleichzeitig Evidenz notwendig mit Kontingenz anreichere.

Von seinem Standpunkt außerhalb der Gesellschaft aus gewinnt der soziologische Wissenschaftler

einen Blick auf die Verwobenheit philosophischer Lehre und gesamtgesellschaftlichem Wandel. Aus

diesem Blickwinkel heraus und unter Verwendung systemischer Differenzschemata gelingt ihm eine

fruchtbare Analyse der Notwendigkeiten begrifflicher Irritationen und Grenzen von Erkenntnis. Einem

---

[147] Luhmann 1998, 466

detaillierten Blick auf Husserls Phänomenologie als explizites Beispiel der Probleme einer

subjektfundierten Erkenntnislehre aus systemtheoretischer Sicht geht hier deshalb eine Darstellung

einiger Punkte der Auseinandersetzung von Subjekt und System voraus.

## BEWUSSTSEIN, ICH UND SUBJEKT

Im 17. Jahrhundert gewinnen mittelalterlich-moralische Wurzeln Oberhand, und zwar im Hinblick auf

die Eigenverantwortung des Menschen: Der Mensch als *Person* machte es möglich ihm sein Handeln

zuzurechnen und es daraufhin zu hinterfragen, ob er rein aus Pflicht oder aus moralischer

Überzeugung „gut" handelte. Eine Personalisierung war auch aufgrund der Auflösung der

hierarchischen Rollenverteilungen notwendig geworden. Dabei blieb der Personenbegriff aber eine

Kollektividee, er suchte nicht nach Individualität sondern unterstrich vielmehr das Allgemeine eines

jeden Menschen.[148] Wenn aber *Person* nur eine Form (der Verhaltensbeschränkung) darstellt, bleibt

die Frage, wovon in dieser Form *Person* unterschieden wird, „in welcher spezifischen Hinsicht eine

Person also *Unperson* sein kann ohne deswegen nicht Mensch, nicht Individuum zu sein"[149], offen.

Indem Verhalten reflexiv auf Bewusstsein bezogen wurde, rückten die Begriffe ‚Subjekt',

‚Individuum' und ‚Person' näher zusammen und verschmolzen schließlich in der Moderne in

Selbstbeobachtung. Heute besetzen andere Unterscheidungen das Problem: das I wird vom Me, das

Über-Ich noch immer vom Unter-Ich bzw. das Ich vom Normal-Ich unterschieden; diese Doppelungen

des Individuums erschweren aber vielmehr als sie die Abgrenzung sozialer von psychischen Systemen

lösen.[150] Das Problem besteht immer wieder darin, dass dem ‚Subjekt' mehrere Arten von Operationen

zugerechnet werden müssen, wenn nicht zwischen Bewusstseinssystem und Kommunikationssystem

---

[148] Vgl. Luhmann 2005, 141f

[149] Luhmann 2005, 142. Ebenso spricht Gerd Brand 1978 in Bezug auf die Phänomenologie Husserls von „echten" und „unechten" Menschen und Personen. Er sieht die Möglichkeit zur Entwicklung zur „echten" Person in moralischer Eigenverantwortung: „Als Person trage ich in mir die Idee eines Seins als wahrer Person, einer echten Existenz, eines echten Daseins. [...] Echte Person bin ich dann, wenn ich versuche, diese in mir liegende Potentialität konsequent zu verwirklichen. [...] Aber kein Mensch kann sich in diesem Sinne absolut verwirklichen, d.h. dass kein Mensch voll und ganz echter Mensch ist. [...] Die Entwicklung zur Echtheit, zur wahren Selbsterhaltung der Person verlangt Selbstverantwortung. Selbstverantwortung ist von vornherein schon vergemeinschaftet. [...] In meiner Selbstverantwortung weiß ich mein Leben als unter Normen stehend. Diese Normen sind nicht nur gewusst, sondern von mir in meinem Willen gebilligt", HSH 100f. Gerade wegen der starken Konzentration auf Werte und Werterhalt halte ich diese Quelle aber für in Teilen zu subjektiv gefärbt. Sie sei mit Vorsicht zu genießen.

[150] Vgl. Luhmann 2005, 137

differenziert wird. Das Subjekt leistet als Individuum die Einheit aller kognitiven Akte, des Denkens

und Fühlens, Wollens, Beobachtens und Handelns dann einzig in der Form der ‚Und'.

Die *reductio ad*

*unum* scheint wenigstens Husserl einigermaßen gelungen, dessen Bewusstseinsakte – *intentionale*

Akte – immer Bewusstsein *von* etwas sind, und die im Oszillieren zwischen Bewusstsein und

Phänomen in systemtheoretischen Termini allein den Wechsel von Selbstreferenz zu Fremdreferenz

und umgekehrt prozessieren.

Im 18. Jahrhundert wird der Subjekt- bzw. Personbegriff „entsubstanzialisiert", als der Mensch nicht

mehr von seinen Eigenschaften her begriffen werden kann, sondern die Funktion des Einzelnen in der

sich funktional ausdifferenzierenden Gesellschaft als kontingent erfahren wird und also in die

Begriffsbestimmung eingeht[151], während gleichzeitig der Mensch nicht mehr in Abgrenzung vom Tier

definiert wird. Das Subjekt findet sich in Differenz zur Welt, die damit ihre Bedeutung als Horizont

oder Umwelt *für* das Subjekt erhält: „Sein höchstes Vermögen zum Beispiel ist nicht mehr die

Fähigkeit, Universalien zu erkennen, sondern die Fähigkeit zur selbstreferenziellen Konstitution eines

Weltverhältnisses. Dieses Vermögen individualisiert ihn als Subjekt in Differenz zur Welt – und nicht

mehr als Sondergattungswesen Mensch in Differenz zum Gattungswesen Tier".[152] Dabei überschiebt

sich mit der in-eins-Setzung der Begriffe ‚Subjekt' und 'Person' die Bedeutung des *Allgemeinen* des

Individuums (in seiner ursprünglichen Bedeutung des *Unteilbaren*) aus dem für Sozialisationszwecke

und Konditionierung konstituierten Begriff Personbegriff und sorgt somit für einen ersten

Konstruktionsfehler der *Subjektivität*.[153]

Andererseits bedingt die Entwicklung zur Selbstdarstellung als Form der Individualität in der

Erfahrung der Kontingenz des Verhaltens (auch als *Freiheit* bezeichnet) in Situationen doppelter

Kontingenz – vor allem nach Verfall der hierarchischen Verhaltensordnungen – sozialer Abstützung,

die der Personbegriff als soziales Zurechnungsschema leisten kann.[154] Der Begriff des personalen

Systems inkludiert dabei schon immer die Beobachterperspektive, die, Verhalten erlebend, Handlung

---

[151] Luhmann 1994, 28f. Vgl. auch Kapitel 2.
[152] Luhmann 1994, 173f, vgl. auch 145 ebd. Die Komplementärstellung des Subjekts zur Welt in symbolischer Relevanz verweist dabei auch auf den Rückgang persönlicher Beziehungen und die vermehrt auftauchenden, unpersönlichen Interaktionen, vgl. Luhmann 1994, 207f.
[153] Vgl. Luhmann 1998, 465
[154] Vgl. Luhmann 1994, 208f, ebenso der ganze Band *Vertrauen* von Luhmann. Zum Begriff der Freiheit siehe auch Luhmann 2005, 43 und Luhmann 1994, 62.

einer Person als einem Adressaten zurechnet, auch wenn es sich dabei eigentlich um hochaggregierte

Selbstreferenzen handelt. Je radikaler allerdings ‚Bewusstsein' mit ‚Subjekt' identifiziert wird, desto

schwieriger ist die ego-/Alter ego-Konstitution angesichts der operativen Geschlossenheit der Systeme

zu erklären und besonders die moderne Semantik des Lebens, der Subjektivität, der Individualität

wirkt so, als ob sie zum Ausgleich für dieses unaufhebbare Fürsichsein erfunden worden sei.[155]

## SYMBOLISCHE PROBLEME DES SUBJEKTS

Der Begriff des Subjekts lässt sich in seiner semantischen Form betrachten, aber auch in seiner

symbolischen Relevanz. Differenztheoretisch tritt zuerst einmal die Frage nach seiner Unterscheidung

auf. Wird das Subjekt von der es umgebenden Welt unterschieden, so bleibt die Welt als der

„*unmarked space*"[156] unbeobachtbar. Wird das Subjekt in seiner Funktion als Individuum *Mensch* von

anderen Menschen unterschieden, so reduziert sich die Subjektivität wie besprochen auf das

Allgemeine und der Begriff wird zu einem Paradox deformiert: „Es ist gleichsam der Prototyp aller

Kollektivsingulari, das *corpus mysticum* de Individualität".[157]

Bestimmt sich das Subjekt in der Differenz zum Objekt, konstituiert es in seiner Selbstsetzung

gleichermaßen das Objekt. Dann bleibt aber der Weltbegriff völlig unbestimmt. Versucht man die

Welt dann als die Gesamtheit aller Objekte zu fassen, so läuft das Problem auf eine ontologische

Differenzierung hinaus, die dem Subjekt zugrunde liegen muss. Das Subjekt findet sich dann

außerdem *außerhalb* der *Welt*, zu deren Erkenntnis es seine operationale Geschlossenheit

transzendieren muss.[158] Weiterhin besteht Klärungsbedarf der Erscheinung einer objektiven Welt als

einer allen Subjekten gleich erscheinenden Objektwelt. Fällt allerdings das Subjekt, dann entfällt

---

[155] Vgl. Luhmann 1998, 47f. Individualität, heißt es an anderer Stelle, diene ebenfalls einer Zurechnung von außen, den die Individualität beugt Verwechslungen vor, das System selbst läuft aber gar nie Gefahr sich selbst zu verwechseln. Betrachtet man Personalität und Individualität als semantische Formen, so scheint dabei Individualität eher für die Kontingenz unbestimmter zukünftiger Handlungen zu stehen, während die Person Vertrauen in ihre aus der historischen Beständigkeit zu folgernde Authentizität verlangen kann. Vgl. zu dieser Hypothese vor allem Luhmanns *Vertrauen*.
[156] Vgl. George Spencer Brown, Laws of Form
[157] Luhmann 1998, 643f. Dazu merkt Luhmann als Soziologe noch an, dass, betrachtet man den einen Menschen und die ihm in Entgegensetzung gegebenen Menschen als Subjekte, so fusionieren die beiden unbezeichneten Seiten der Unterscheidung, *Welt* und *Gesellschaft,* und besetzen den Platz, den eine Gesellschaftstheorie einnehmen sollte. Vgl. Luhmann 1998, 463
[158] Vgl. Luhmann 1998, 394f. Dazu auch der Abschnitt zur *Ontologie* und Kapitel 5.

weiterhin auch jede Formgarantie für das Objekt und Erkenntnis öffnet sich einer relativischen Willkür.[159]

## SEMANTISCHE PROBLEME DES SUBJEKTS

In der semantischen Figur steht das Subjekt für das allem-zugrunde-Liegen. Entsprechend einer leibnizschen Zentralmonade kann es semantisch kein zweites Subjekt geben[160], weshalb die Tradition auf die Unterscheidung von empirisch und transzendental ausweichen muss. Für das Subjekt kann es keinen Analogieschluss von sich auf Andere geben, weshalb es zu keiner Intersubjektivität und Gemeinschaft Gleicher kommen kann. Wird das Subjekt von seinem in-der-Welt-Sein in das in-sich-Sein transformiert, so wird es irreflexiv in Bezug auf das Beobachten.[161] Es bleibt eine semantische Figur der Selbstreflexion als ein Unterscheiden, welche zwar selbst schon eine Art Selbstreferenz impliziert, aber in der unreflektierten Verwendung unterschiedlicher zirkulärer Gegenbegriffe – Selbstreferenz/Fremdreferenz und Unterscheiden/Bezeichnen – auf seine Grenze des blinden Flecks der Selbsterkenntnis stößt. Luhmann schlussfolgert: „Jede Analyse, die den Begriff ernst nimmt, führt also in eine Situation des *tragic choice*: entweder auf die Gesellschaft oder auf das Subjekt verzichten zu müssen."[162]

## DAS PROBLEM DER REFLEXION

Traditionell zeichnet das Subjekt aus, dass es über Selbsterkenntnis in Form von Selbstreflexion verfügt. Dabei zeugt es sich in einem Akt der Selbstsetzung, indem es sich quasi an den Schnürsenkeln aus dem Sumpf des ontischen Nichts ins Sein zieht. Die Welt muss von nun an als subjekt-relativ betrachtet werden, weshalb es für Luhmann nur konsequent scheint, dass „dann auch der vorher gar nicht nötige Begriff der „Umwelt" (später auch „environment, „environnement") hinzuerfunden wird."[163]

---

[159] Vgl. Luhmann 1998, 379
[160] Nimmt man den Begriff ernst, kann es auch keine von Husserl postulierte „offene Monadengemeinschaft" geben (Husserl III 2006, 210).
[161] Vgl. Luhmann 1998, 394
[162] Luhmann 2005, 152
[163] Luhmann 1998, 643f

Wenn das Subjekt systemtheoretisch nun weiterhin nicht mehr die alles tragende Substanz, sondern in

Form von Selbstreferenz als Grund für Handeln und Erkenntnis gesehen wird, ergibt sich allerdings

die Möglichkeit, sich selbst durch unwahre Resultate zu bestätigen. In der Konsequenz findet eine

Bewegung zur methodischen Reflexion mit dem Ziel *wahrer* Erkenntnisse statt. Selbstbeobachtung

führt jedoch notwendig in eine Tautologie bzw. kann überhaupt nur in Unschärfe vollzogen werden,

denn, wenn die Selbstbeobachtung zu einer Repräsentation des Selbst in seiner Umwelt führen soll –

und zwar *in* diesem Selbst! – dann wäre dieses re-entry des Selben in das Selbe logisch tautologisch[164]

sowie realiter, in Hinsicht auf das Komplexitätsgefälle zwischen Umwelt und System (Subjekt),

unmöglich: „Deshalb kann Selbstrepräsentation in Wirklichkeit immer nur näherungsweise und

widerspruchsanfällig verwirklicht werden."[165]

Die Operation der Reflexion, die in der Transzendentaltheorie eine in Luhmanns Augen falsche

Verabsolutierung erfährt[166], kann sich dabei aber nicht mit beobachten; formal unter

Selbstbeobachtung und Selbstbeschreibung fallend, erscheint das Selbst sich in seiner Reflexion als

sich selbst voraussetzend und in der Selbstbeschreibung als performativ. „Ebenso beachtenswert bleibt

die operative Fassung des Reflexionsbegriffs mit der Implikation, dass die Operation in ihrem Vollzug

weder die Möglichkeit hat noch darauf angewiesen ist, sich selbst ihrem Thema einzuordnen, sich

selbst mit zu reflektieren.

Die klassische Subjektphilosophie hatte auch dieses Problem noch mit dem Schema Subjekt/Objekt

einzufangen versucht, hatte auf eine sub-objektive Operation gesetzte, weiß Luhmann, weshalb er

beispielsweise bei Kant eine Verschiebung von der Sach- in die Zeitdimension feststellt: In der

Untersuchung der reinen Verstandesbegriffe habe Kant das Problem des Verhältnisses von Außenwelt

und Erkenntnis im Subjekt selbst lösen wollen: „Dabei kam es zu einer auffälligen Verschiebung des

---

[164] Zur Enttautologisierung der Selbstbeobachtung muss das System die Beobachtung beim Wechsel von Selbstreferenz in Fremdreferenz mit Zusatzsinn anreichern. Dadurch asymmetrisiert sich die Operation. Vgl. Luhmann 1987, 631
[165] Alfred Gierer 1998, 125. Luhmann dagegen formuliert diesen Sachverhalt folgendermaßen: „Die systemtheoretische Analyse führt dagegen auf den Tatbestand, dass eine vollständige Selbstbeobachtung eines Systems unmöglich ist. [...] Denn es ist unmöglich (und für ein operatives Verständnis der Realität von Systemen ist dies evident), die Einheit eines Systems durch die eigenen Operationen in das System wiedereinzuführen; denn eine solche Operation würde ja das System, das sie beobachten will, durch den Vollzug der Beobachtung verändern", Luhmann 2005, 35.
[166] Luhmann 1987, 607

Problems aus der Sachdimension (Übereinstimmung) in die Zeitdimension. Kant betont, dass trotz der

radikalen Verschiedenheit von Gegenstand und Vorstellung in deren Verhältnis „Gleichartigkeit"

erforderlich sei; und er hatte diese Gleichartigkeit nicht in einer Abbildung des einen in der anderen

gesehen, sondern im Verhältnis zur Zeit. Die Mannigfaltigkeit der Gegenstände sei dem inneren Sinn

als ein Zeitverhältnis gegeben, und eben deshalb müsse sich die Vorstellung eines Gegenstandes eines

Schematismus bedienen, der den Gegenstand nicht abbilde, sondern ein Verfahren der Konstruktion

des Gegenstandes (wie zum Beispiel das Ziehen eines Kreises) an die Hand gebe und damit seinerseits

Zeit in Anspruch nehme".[167] Bei Kant bleibt die Lösung somit ganz im Bereich der Subjektivität, eben

eine solche sub-objektive Operation, nämlich im Verhältnis des inneren Sinns zu den Vorstellungen

des Verstandes – und nicht im Verhältnis des Subjekts zur Außenwelt.

DER LOGISCH UNMÖGLICHE BEGRIFF DER INTERSUBJEKTIVITÄT

Üblicherweise wird der Beobachtung ein Subjekt vorangestellt. In der Folge mutiert das

Problem der Intersubjektivität zu einem Problem der Sozialdimension. Dabei liegt der

Sozialität der paradoxe Begriff einer „Inter-Subjektivität" zugrunde, dessen „Inter" kein

Subjekt begründet und das andersherum dem Subjekt nicht zugrunde liegen kann, weil soziale

Operationen laut Luhmann nicht den Bewusstseinsleistungen entsprechen.[168] Demgegenüber

definiert Luhmann die Einheit des Sozialen, sozusagen das *Inter* des Subjektiven, als

Kommunikation, als einer autopoietischen Operation, als emergente Synthese dreier

Selektionen. In der Synthese findet sich sowohl das personale Subjekt in Form des aktiven

Willens zur Mitteilung, wie auch das soziale Gefüge in Form des Verstehens des Anderen als

---

[167] Luhmann 1998, 393f. Ganz ähnlich bei Husserl, vgl. Husserl I-III bzw. Kapitel 5, das Auftauchen der Erlebnisse im Fluss der inneren Zeitlichkeit lässt sie ihre Einheit begründen. Eine Untersuchung zu der Vermutung, dass auch Luhmann mit der Auffächerung der Sinndimensionen und dem Rückbezug auf die prozessuale Selbstreferenz (Zeitdimension des Vorher und Nachher) sowie der basalen Selbstreferenz der Elemente (Sachdimension als des organismischen bzw. substantischen Zusammenhangs) eine solche Verschiebung der Problematik des sich selbst konstituierenden Systems (Subjekts) vornimmt, folgt im letzten Kapitel.
[168] Vgl. Luhmann 1998, 489. Dass der Beobachter als Subjekt aller Erkenntnis zugrunde liegt, zeigt sich z. B. auch bei Hegel (Phänomenologie des Geistes), weshalb er den Beobachterstandpunkt vollständiger Erkenntnis an das Ende der dialektischen Bewegung verlegt. Ähnlich bei George Spencer Brown, Laws of Form. Auch hier beginnt der Leser als Beobachter seinen Erkenntnisweg, um sich letztlich als Subjekt jeder Erkenntnis wiederzufinden.

einen Mitteilenden – und die Syntheseleistung des Sinns als das co-evolutionäre Medium psychischer und sozialer Systeme.

Probleme bereitet Intersubjektivität aber auch in Hinsicht auf ihre Einheit: Sofern der Begriff der Subjekte im Sinne individueller, also je unterschiedlicher Subjekte verstanden wird, ergibt sich wieder das Problem der Generalisierung des Individuellen auf der Suche nach dem Gemeinsamen, aber auch im Sinne des Schemas des Ganzen, das immer ein denkwürdiges *Mehr* als nur die Summe seiner Teile ausmacht und deshalb das Subjekt als ontisch minderwertiger ausweisen muss. Dass dabei trotz allem eine Reziprozität der Perspektiven eines Ego und eines alter ego angenommen wird, symmetrisiert das ontologische Gefälle noch nicht. In den Begriffen ‚Spiegelung' oder ‚Reziprozität der Perspektive' werde nach Luhmann vielmehr „in einer Art symmetrischer Verklammerung Verschiedenes gesehen."[169] Stattdessen bietet er den Begriff ‚Interpenetration' an: „Die Interpénétration bringt nicht verschiedene Systeme zur Einheit. Sie ist keine *unio mystica*. Sie läuft nur auf der operativen Ebene der Reproduktion der Elemente, hier also der Ereignisse als Einheiten des Erlebens und Handelns ab.

Jede Operation, jede Handlung, jede Beobachtung, mit der ein System seine Ereignissequenzen reproduziert, findet dann zugleich im Anderen statt. Sie hat zu beachten, dass sie als Handlung des einen Systems zugleich Erleben des anderen ist, und das ist nicht nur eine äußerliche Identifikation, sondern zugleich Bedingung ihrer eigenen Reproduktion."[170] Luhmann garantiert mit der Einführung der Interpenetration also für die Homogenität der sozialen Operationen und gleichzeitig für ein Verschränken der Bewusstseinsperspektiven. In den Interaktionssystemen der Interpenetration lässt sich außerdem das Erlernen von Verstehen über Erwartungsstrukturen und das Entstehen des

---

[169] Luhmann 1987, 153
[170] Luhmann 1994, 219. *Interpenetration* erinnert dabei nur zu gern an die Perturbationen von Maturana und Varela, vgl. Maturana, Varela 1984.

Vertrauens als Mechanismus der Komplexitätsreduktion in den doppelt-kontingenten sozialen Situationen verorten.[171]

ONTOLOGIE

Wie oben schon angedeutet, liegt in der Tradition dem Subjekt eine ontologische Unterscheidung von Seiendem und Nichtseiendem zugrunde. Im geschlossenen System ontologischer Betrachtung bezeichnet der Beobachter Seiendes nach der Unterscheidung Sein/Nichtsein, während er selbst in seinem Sein unantastbar bleibt: Das Sein dominiert diese Beobachtung einseitig, die Form des Unterscheidens tritt allein auf dieser Seite wieder in die Form ein und unterwirft alle weiteren Seins-Beobachtungen eben dieser Unterscheidung von Sein und Nichtsein. Während die Stoiker mit *aliquid* noch einen Oberbegriff zur Verfügung hatten, quasi ein dreiwertiges Schema schufen[172], ist das normative Postulat der Ontologie im Seienden, das nicht ist, was es nicht ist, erschöpft. Die Seinslehre garantiert mithin genau darin die Einheit ihrer Welt des Seienden, aus der nur das Nichts ausgeschlossen wird. Das Nichts wird damit allerdings für die ontologische Beobachtung geradezu notwendig und lässt so paradoxe Formulierungen wie Sartres „das Nichts nichtet"[173] entstehen. Gleichzeitig fordere der zu allgemeine Begriff des ‚Seienden' seine Erweiterung im Materie-Begriff[174]. Dabei werden die Relationen metaphysisch deklassiert, weil die ontologische Differenzierung

---

[171] Vertrauen bildet hierbei das Funktionaläquivalent zu Misstrauen und betrifft die Unbestimmtheit sozialer Situationen. Vorhandene Information wird dabei überzogen und ein eriskante Vorleistung auf die Zukunft erbracht. Die Risikobereitschaft beruht dabei auf Erfahrungen (Vertrautheit), die zu zurechenbaren, personalen Strukturen zusammengezogen werden, und ist somit weder als subjektiv noch als objektiv zu verstehen, vgl. Luhmann 2000. Vertrauen sprengt damit allerdings den Rationalitätsbegriff, weil es keine optimierungsfähige Zweck-Mittel-Struktur aufweist.

[172] Das dreiwertige Schema der Stoiker löst allerdings die Probleme der Ontologie auch nicht, es sei denn in Willkür. Dazu heißt es bei Luhmann: „Mit den Stoikern kann man, wenn man Sein als individuiertes Existieren begreift, noch einen Überbegriff des „aliquid" bilden, von dem man sagen kann, es existiere bzw. es existiere nicht. Gerade wenn man aber von einem Primat der Unterscheidung Sein/Nichtsein ausgeht, blockiert man mit diesem „aliquid" die Frage, wovon dies dann zu unterscheiden sei", Luhmann 1998, 406.

[173] Vgl. J. P. Sartre 2001

[174] Vgl. Luhmann 1998, 408

nicht nur das Nichts von jeder weiteren Beobachtung ausschließt, sondern auch das *Zwischen*[175] verdeckt.

## OPERATIVE GESCHLOSSENHEIT STATT ONTOLOGISCHER PARADOXIEN

Luhmann setzt an die Stelle der Existenzfrage den Begriff der *operativen Geschlossenheit*, der den Existenzbegriff damit auch dynamisiert, was eine Entparadoxisierung des Zeitbegriffs ermöglicht: Denn wird die Frage nach der Zeit dem Primat des Seins unterworfen, so paradoxiert sie dieses in der unlösbaren Frage nach dem Sein oder Nichtsein der Zeit. Über die Zweitunterscheidung von Veränderlichem und Unveränderlichem gelingt die Auflösung der Paradoxie auch noch nicht vollständig, betrachtet man hierbei den Fall des veränderlichen Nichtseienden. „Der Begriff der operativen Geschlossenheit operiert, wenn man so formulieren darf, im Theoriegerüst an der Stelle, wo man früher Existenzaussagen hatte"[176], denn die Theorie autopoietischer Systeme geht zirkulär von der Existenz operativ geschlossener Systeme aus, um zeigen zu können, dass der Beobachter dieser Systeme als operativ geschlossenes System existieren muss – die Frage nach der Existenz ist innerhalb der Theorie autopoietischer Systeme aber zu einer *Wie*-Frage mutiert.

Der Zeitbegriff synthetisiert sich dann aus der Ereignishaftigkeit der Elemente der Systeme einerseits und dem Medium Sinn der psychischen und sozialen Systeme andererseits. Die Unterscheidung von System und Umwelt als Primärdifferenz *deontologisiert* die Welt also in der Hinsicht, dass der Beobachter in der Geschlossenheit der Theorie notwendig als ein System agiert und die Existenzfrage damit auf den zweiten Platz verweist.[177] Darin begründet sich auch Luhmanns Kritik an einem ontologischen Primat psychischer vor den sozialen Systemen. Beide seien co-evolutiv entstanden: „Beide Arten von Systemen sind im Wege der Co-Evolution entstanden. […] Sie haben sich […] am Sinn ausdifferenziert. […] Es ist daher falsch, wenn man der psychischen, das heißt der bewusstseinsmäßigen Verankerung eine Art ontologischen Vorrang vor der sozialen zuspricht."[178]

[175] Nach G. Spencer Brown besser: die *Grenze* oder das *token*.
[176] Luhmann 1998, 406
[177] Vgl. Luhmann 2005, 21
[178] Luhmann 1987, 141

51

Die traditionelle Subjektphilosophie, einige Erkenntnistheorien und auch moderne Handlungstheorien entwickeln aus eben diesen ontologischen Fundierungsverhältnissen das Problem der Intersubjektivität. Luhmanns Theorie autopoietischer Systeme setzt dagegen den Begriff der Selbstreferenz, die nicht wie das Subjekt jeder Systemleistung vorgängig ist, sondern sich nur realisiert, wenn das Selbst sich durch sein In-Differenz-Setzen zu anderem identifiziert.[179] Der Begriff der Selbstreferenz ist damit vom Subjekt, aber auch vom Bewusstsein gelöst, da selbstreferenzielle Operationen nicht mehr allein Bewusstseinssystemen eignen. Subjekte werden degradiert zu Beschreibungen externalisierter Beobachter (auch Selbstbeobachtungen in Form von Fremdreferenz), die durchaus zu Widersprüchen und Unentscheidbarkeit führen können. Allerdings werde die Begriffsassoziation *subjektiv* = *willkürlich* durch die Forderung der Strukturdeterminiertheit vermieden, weshalb eine Intersubjektivität als „Willkürkontrollfunktion"[180] entfällt. Der Weltbegriff bleibt dabei als Sinneinheit der Differenz von System und Umwelt dimensionsloser Letztbegriff und verbleibt in der Differenz Aktuales/Mögliches im Gegensatz zum ontologisch beschränkten Horizont des Seienden unbegrenzt.

[179] Luhmann 1987, 26
[180] Luhmann 1998, 396

52

# LUHMANNS EINWÄNDE GEGEN HUSSERLS PHÄNOMENOLOGIE

*„Alle Einwände, die
Gegen die Methode der Reflexion
Erhoben worden sind,
erklären sich
aus der Unkenntnis
der wesensmäßigen Konstitution
des Bewusstseins. "*

E. Husserl

Trotz vieler analoger Züge der Theorien Luhmanns und Husserls – Luhmann selbst spricht von der

Vermutung, dass „man beide Theoriesprachen mehr, als es derzeit gesehen wird, ineinander

übersetzen kann"[181] – treffen Kritikpunkte Luhmanns auch Grundzüge der Husserlschen

Phänomenologie. Groß umrissen kann man die Auseinandersetzung auf wenige Punkte reduzieren. Es

handelt sich dann um den systemtheoretischen Anspruch auf Homogenität der Operationen der

Systeme, die Husserl aus dem subjektphilosophischem „Mangel" der Differenzierung zwischen

Sozialem und Psychischem bzw. der Bewusstseinsleistungen im Allgemeinen erwüchsen, den

Anspruch Husserls auf „Evidenz" der „unmittelbaren Erkenntnisse", den Husserlschen

bewusstseinsmäßigen Wesenszug der „Paarung" und natürlich der Konstitution der Intersubjektivität.

Die analogen Züge der Theorien betreffen in der Hauptsache den Versuch des Umgehens der

Ontologie und ihres Seinsprimats, die Konstitution der Zeit und die Erkenntnis der Subjekt-Relativität

der Welt. Wiederum kann diese Untersuchung keinen Anspruch auf Vollständigkeit erheben, wenn sie

in begrenztem Rahmen zwei so anspruchsvolle, umfassende und daher komplexe Theoriegebäude

betrachten will.

## EVIDENZ UND BEWUSSTSEIN

Anders als Luhmann umgeht Husserl den erkenntnistheoretischen Zweifel nicht einfach, wenn er, von

einem vorhandenen Bewusstsein ausgehend, methodisch zu abstrahieren beginnt, sondern er bezieht

ihn in seine Methode mit ein. „Ich bin mi in einer Weise bewusst, endlos ausgebreitet im Raum,

endlos werdend und geworden in der Zeit"[182], schreibt er, und fasst damit die phänomenologisch

---

[181] Luhmann 2005, 163
[182] Husserl III 2002, 131

53

wichtigsten Bezugspunkte zusammen: di Existenz eines Bewusstseins in bzw. durch Raum und Zeit.

Das Bewusstsein konstituiert sich eine immanente Basis des Wissens um transzendente (äußere) Gegenstände durch „intentionales" Richten der Aufmerksamkeit auf Gegebenheiten der physikalischen Welt und differenziert dabei „zwischen *Sein als Erlebnis* und *Sein als Ding*."[183] Analog der operativen Geschlossenheit des autopoietischen Bewusstseinssystems weiß Husserl, dass im Bewusstsein kein *Abbild* der Welt zu finden sei, und die Vorstellung von einem physikalischen Ding in keiner Weise mit dem Ding selbst gleichzusetzen sei. Das Ding erweist sich dabei als phänomenologische Einheit von Unterscheidung und Bezeichnetem in der Bezeichnung. Die *Inadäquatheit* der Wahrnehmung zeigt sich dabei in ihren Abschattungen, nach denen jeder Dingwahrnehmung ein unendlicher Horizont uneigentlicher Mitwahrnehmung gegeben sei[184] und anhand derer sich unmittelbare Gegebenheiten von den immanenten Gegebenheiten der das Bewusstsein transzendierenden Gegenstände unterscheiden lassen.

Verglichen mit der vollkommenen operativen Geschlossenheit der aus homogenen Elementen bestehenden autopoietischen Systeme bleibt diese Differenzierung allerdings problematisch: anhand der Operationsweise eines Nervensystems lassen sich zwar unterschiedliche Zentren im Gehirn ausmachen, an denen beispielsweise Imagination und Informationen des Sehnervs *in der Hauptsache* stattfinden, auf biochemischer Ebene jedoch kann man mit Roth sagen, macht es bei jeder Art der Informationsverarbeitung nur ‚klick': „Hirnströme [...] geistiger Aktivität [...] unterscheiden sich in ihrer elektrophysiologischen Natur in nichts von sensorischen oder motorischen Hirnströmen. Auch hier benötigt das Gehirn ein verlässliches, internes Diskriminationskriterium, das verhindert, dass bloßes Denken mit Realität verwechselt wird. Wir können annehmen, dass dies zumindest zum Teil ein topologisches Kriterium ist, denn die Denk- und Vorstellungsprozesse finden in gesonderten Arealen des Gehirns statt."[185] Es zeigt sich also, dass die Leitidee Husserls, die Differenz zwischen immanenten und transzendenten Gegebenheitsweisen, zwar noch nicht vollständig neurophysiologisch

---

[183] Husserl III 2002, 167
[184] Husserl III 2002, 172
[185] Roth 1987, 240. Die „neuronale Einheitssprache" sei die Grundlage für die Integrationsleistung von Nervensystem und Gehirn, lautet Roths These (Roth 1987, 233)

bestätigt worden ist, aus der Perspektive der Beobachtung zweiter Ordnung weiterhin aber von einem diskriminierenden Mechanismus ausgegangen werden muss.[186]

Die Einheit solcher immanenter Gegenstände mit ihrem transzendenten physikalischen Sein eines Dinges in der Welt, ihre Einheit als „Letztelemente", ist jedoch für den Beobachter erster Ordnung nicht beobachtbar. Wenn die Einheit durch den Beobachter konstituiert wird, bietet sie aber keinen Halt für Erkenntnis, weshalb gerade die Methode der Phänomenologie, monadisch Erkenntnisse eines Subjekts vor aller Objektivität als unmittelbares Wissen zu präsentieren, in Zweifel geraten muss.

„Vom Subjekt spricht man, um die selbstreferenzielle Begründung der Kognition des Bewusstseins durch das Bewusstsein zu bezeichnen und um damit in einer (dann rasch fragwürdig werdenden) Lehre die soziale Exterritorialität des Wissens zu markieren im Unterschied zu dem, was eine Zeit lang noch *opinio* oder *common sense* heißen kann"[187], lautet der Vorwurf einerseits. Das in-eins-Setzen von Kognition und Selbstbeschreibung setze voraus, dass Beobachter (Subjekt) und Beobachtetes (Objekt) sich voneinander unterscheiden lassen, dass „die Kognition besonderen Regeln unterworfen wird, die verhindern, dass die Eigenarten und Vorurteile der einzelnen Subjekte sich auswirken" und dass das Objekt sich durch den Akt des Beobachtens nicht ändert.[188]

Geht man wie Luhmann – und ja auch Husserl – davon aus, dass die Beobachtung eine interne Operation ist, so lässt sich die Unterscheidung von Beobachter und Beobachtetem wenn überhaupt, dann nur durch die Referenzunterbrechung bzw. das Auffinden des vorgenannten Diskriminationskriteriums gewährleisten: Die Subjekt-Relativität der Erkenntnis wird gerade im radikalen Konstruktivismus noch heute kontrovers diskutiert und die Quantenphysik machte deutlich, dass die Verfahren der Beobachtung nicht jeden Gegenstand unberührt lässt.

Sein Diskriminationskriterium der Abschattung gereicht Husserl indirekt sogar zur Seinsgarantie der physikalischen, der transzendenten, unerreichbaren Welt, wenn er schließlich behauptet: „es ist also

---

[186] Dabei ist das Bewusstsein der Vorgänge im Gehirn keineswegs bewusst. „Alle Spuren der operativen Schließung werden gelöscht. Bewusstseinssysteme wissen nichts von den Arbeitsbedingungen ihrer Gehirne, aber sie denken „im Kopf", heißt es bei Luhmann (Luhmann 1998, 41), und Roth führt aus: „Die Ansicht, das Gehirn sei ein gegenüber den Umweltereignissen offenes System, beruht darauf, dass die unmittelbare sinnliche Welterfahrung nicht als ein solches Konstrukt begriffen wird" (Roth 1987, 240).
[187] Luhmann 2005, 51
[188] Vgl. Luhmann 1998, 392

ein prinzipieller Irrtum zu meinen, es komme die Wahrnehmung [...] an das Ding selbst nicht heran.

Dieses sei ans ich und in seinem Ansichsein uns nicht gegeben."[189] Trotzdem weiß er natürlich um die

Weltkonstitution als ein „Korrelat der Subjektivität des Bewusstseins".[190] Die Natur als

Bewusstseinskorrelat könne daher das Bewusstsein selbst nicht begründen – womit die Existenz der

Welt nicht geleugnet sein solle, sondern der Sinn ihrer Existenz allein als Sinn *für* das Bewusstsein

ausgezeichnet werden. Husserl versucht das Unmögliche: In subjektlastiger Philosophietradition, also

unter Verwendung ontologischer Paradigmen, unternimmt er den Versuch, das ontologisch einseitige

Fundierungsverhältnis aufzulösen, den kognitiven Zirkel an der Frage nach der Existenz des

phänomenologischen Beobachters mit dem Wechsel von einer *Was*-Frage nach dem *Wie* (oder auch:

*Warum*) des Beobachtens zu unterbrechen.

Das führende Evidenzkriterium Husserls gerät dabei trotz allem auf schwankenden Boden, wenn man

weiterhin mit Luhmann – und noch immer in Übereinstimmung mit Husserl – annimmt, dass das

Bewusstsein ein *sinnverarbeitendes* System sei, was dann aber in der eigentümlichen Form des

Mediums Sinn erlaubt, dass auch Unsinn sich des Mediums bedient.[191] Fehler, Nullwerte und

Enttäuschungen gewinnen im Sinne der Informationsverarbeitung Kausalität, es „kann mit der

Befähigung zur Informationsverarbeitung jetzt auch Nichtvorhandenes wirken"[192], folgert Luhmann.

Hielte man mit Husserl nun dagegen, dass es sich bei evidenter Erkenntnis schließlich nicht um

Information im Sinne extern generierten Sinnes handelte, sondern rein um Erkenntnisse der

Selbstbeobachtung bzw., um in Husserls Terminologie zu sprechen, immanente Erlebnisse, so lautete

ein mögliches Gegenargument Luhmanns, dass es *generell* keine Kontrolle über die Selbstreferenz

gebe, weder sei sie dem Selbst gegeben, noch den Anderen.[193]

Husserl behauptet den Unterschied der abgeschatteten Gegenstände zu den Erlebnissen in deren

„absoluten"[194] Gegebensein – um kurz darauf zuzugestehen, dass auch Erlebnisse niemals vollständig

gegeben seien, da sie dem *Fluss der Ereignisse* angehören, aus deren Einheit sich das Subjekt selbst

---

[189] Husserl III 2002, 170
[190] Prechtl 1991, 59f
[191] Vgl. Kapitel 3.
[192] Luhmann 1987, 68f
[193] Vgl. Luhmann 1994, 110
[194] Husserl III 2002, 173f

56

begründet und damit immer schon vergangen sind, wenn das Bewusstsein darauf referiert. „Aber *diese*

Unvollständigkeit […] die zum Wesen der Erlebniswahrnehmung gehört, ist eine prinzipiell andere als

diejenige, welche im Wesen der „transzendenten" Wahrnehmung liegt"[195], versucht Husserl sein

Paradigma gegen diesen offenbaren Einwand, auch Erlebnisse schatteten sich ab, zu retten. Dabei

bleibt uneinsichtig, weshalb die unvollständig in der Zeitdimension gründenden Erlebnisse weniger

zweifelhaft sein sollten, als die unvollständig in der Sachdimension gegebenen Gegenstände der

Transzendenz. Neurophysiologisch zeichnet sich die Wahrnehmung externer Gegenstände zumindest

nicht vor der Wahrnehmung innerer Zustände aus. Auch Luhmann erklärt, der Akt der

Selbstbeobachtung stelle keinen privilegierten Zugang zu Erkenntnis dar: „Die Besonderheit der

Selbstbeobachtung hat einen anderen Grund: Das „Selbst" der Selbstreferenz muss *sich selbst als*

*unaustauschbar behandeln.* Im Falle von Selbstbeobachtung muss es sich selbst mit dem

Beobachteten identifizieren."[196] Im Gegenteil leiste die Selbstbeobachtung in ihrer Exklusivität eher

„höchste Gewissheit" und gleichzeitig „höchste Ungewissheit diese Bedingung bleibt in aller

Steigerung von Reflexionsprozessen erhalten."[197]

Und schließlich könnten, so Luhmann, auch Unwahrheiten zur Selbstbestätigung beitragen: „Subjekt

ist die Selbstreferenz selbst als Grundlage von Erkennen und Handeln. Sie kann sich selbst daher auch

mit unwahren Resultaten bestätigen."[198] Die Unterscheidung wahr/unwahr (oder auch

evident/vermittelt) entsteht in Eigenleistung der selbstreferenziellen Operationsweise und entbehrt

damit einem jeglichen, auch transzendental-idealistischen Anspruch auf Wahrheit bzw. Evidenz. Auch

naturphilosophisch spricht man von „Grenzen der Erkenntnis", ob man sie nun aus den Grenzen der

Selbsterkenntnis des Bewusstseins herleitet oder dem physikalischen Begriff der Endophysik[199]

---

[195] Husserl III 2002, 175
[196] Luhmann 1987, 622
[197] Ebd.
[198] Luhmann 1998, 393
[199] Der Begriff Endophysik bezeichnet die Gegenposition zum physikalischen Modell des „abgeschlossenen Systems": Der Beobachter findet sich immer in der Welt vor, die das zu beobachtende System darstellt. Eine physikalische Abgeschlossenheit stelle eine empirisch unmögliche Vereinfachung dar, in der der beobachtete Gegenstand mit seiner Umwelt nicht in Wechselwirkung (Material-, Energieaustausch) steht. Dabei stünde der Beobachter *außerhalb* des beobachteten Systems. Zum Begriff der Endophysik heißt es bei Alfred Gierer: „Damit wird die gedankliche Trennung des Objekts vom Beobachtungs- bzw. Messvorgang, also das Ideal *Objektivität* zum Problem. Streng genommen ist Physik immer eine *Innenansicht* auf das Objekt innerhalb des *Gesamtsystems* „Beobachter plus Objekt" (bzw. „Messinstrument plus Objekt"), und diese

entlehnt: „Es gibt Grenzen der Erkenntnis, weil wir als Teil der Welt diese nur von innen und nicht von außen erfahren und weil wir uns selbst nicht vollständig zum Gegenstand objektiven Wissens machen können. Dem steht aber eine erstaunliche Tragweite naturwissenschaftlicher Erkenntnis gegenüber [...]. Sie spricht naturphilosophisch eher für „objektiven Idealismus", für eine Entsprechung von „Natur" und – menschlichem – Geist", heißt es dazu bei Gierer.[200]

Das Evidenzkriterium kritisiert Luhmann aber auch als Residuum ontologisch zweiwertiger Logik: Weil die zweiwertige Logik nur über einen positiven Wert für das Sein und – wir waren in Kapitel 4 *Ontologie* darauf eingegangen – über einen zweiten für die Korrektur der Beobachtung verfügt, müssen Sachverhalte notwendig „ontologisch komprimiert"[201] dargestellt werden. Selbst unter Zuhilfenahme weiterer Modalitäten wie der Unterscheidung von Sein und Denken lässt sich die zweiwertige Relation von Sein und Nichtsein eben nur auf die Richtigkeit bzw. Unrichtigkeit der Bezeichnung durch den Beobachter reflektieren. Die Grenzen des Beobachterschemas erweisen sich nach Luhmann schon in den zusätzlichen Modalitäten der Zeit und der Möglichkeit. Probleme der Referenz können folglich von Problemen der Wahrheit bzw. Unwahrheit nicht unterschieden werden: „Eine Aussage ohne Referenz ist eben eine unwahre Aussage, und Unsicherheiten der Referenz, zum Beispiel im Zusammenspiel von selbstreferenziellen und fremdreferenziellen Komponenten des Beobachtens, werden automatisch zu Wahrheitsproblemen."[202]

Aus diesen Notwendigkeiten heraus entwickelt Husserl seine phänomenologische Methode der ἐποχή oder „Einklammerung", um die Frage nach der Wahrheit durch das Auffinden von Evidenzen zu unterlaufen. Dazu muss Husserl die Differenzierung nach transzendenten und immanenten Gegenständen, quasi als externalisierte Garantie der in Differenz dazu internen „wahren", „und-

---

Innenansicht – von Rössler treffend als „Endophysik" bezeichnet – ist mit einer Konzeption der vollständigen Trennung von Beobachter und Objekt nicht vereinbar, die eine – in Wirklichkeit unmögliche – „exophysikalische" Außenansicht erfordern würde" (Gierer 1998, 239).

[200] Gierer 1998, 223
[201] Luhmann 1998, 420
[202] Ebd. An anderer Stelle heißt es dazu bei Luhmann: „Gibt man der Frage nach dem Beobachter einen „meta-physischen" Primat (aber: „Metaphysik" für welchen Beobachter?), lösen sich die alten Probleme der Ontologie, des Wahrheitskonsenses, der „Intersubjektivität" auf. Man gewinnt neue Möglichkeiten der Beschreibung des Reichtums der Welt. Die Welt wird zum Rahmen (Husserl: zum „Horizont"), in dem verschiedene Beobachter dasselbe verschieden unterscheiden können" (Luhmann 2005, 157). Die Welt als „unmarked space" ist in der zweiwertigen Logik der Tradition, wie bereits erwähnt, aber nicht zu fassen: „Weder kann er zugleich positiv und negativ bezeichnet werden, weil dies dem Ausschluss von Widersprüchen zuwiderlaufen würde; noch steht für die Bezeichnung von Welt ein dritter Wert zur Verfügung" (Luhmann 1998, 66).

mittelbaren" Einsicht bemühen. Aber genau hier findet sich Husserl in der ontologischen Letztbegründung des Subjekts gefangen: „Jede immanente Wahrnehmung verbürgt notwendig die Existenz ihres Gegenstandes. [...] Ein absolutes Selbst [...], dessen Dasein prinzipiell nicht negierbar ist, d. h. die Einsicht, dass es nicht sei, ist prinzipiell unmöglich"[203], und auch darauf hielte Luhmann eine mögliche Antwort parat: Selbstbeschreibungen können eben nur zirkulär begründet werden, und wenn sie ihren Begründungszirkel durch Externalisierung zu unterbrechen versuchen, so kann das wiederum nur als Bestandteil dieser Beschreibung – in der Einheit der Ontologie, also im Sein – stattfinden. Den Ausweg sieht Luhmann in einem Wechsel des Subjekt-Objekt-Schemas der Kognition und bietet außerdem den Begriff der „Selbstbeschreibung" als „imaginärer Konstruktion' an.[204]

## WAHRNEHMUNG UND KINÄSTHESEN

Wahrnehmung differenziert sich bei Husserl aus dem vorgenannten Unterschied der immanenten und transzendenten Gegenstände des Bewusstseins in sinnliche Wahrnehmung und die dingliche Wahrnehmung. Das Paradigma der Evidenz der sinnlichen Wahrnehmung sorgt in der Konsequenz also für eine einseitige Fundierung der Dingwahrnehmung, für die eine andere Konstitutionsleistung als vorgängig vonnöten ist: „Reflektiere ich auf mein eigenes Empfinden, so sehe ich: Alle sinnlichen Eindrücke kann ich nur gewinnen, indem ich mich leiblich betätige. [...] Das empfindende Wahrnehmen (Wahrnehmung, griech. „aisthesis") und die von mir vollzogene Leibesbewegung („Bewegung", griech. „kinesis") bilden hier eine unauflösbare Einheit."[205]

Der Leib fungiert bei Husserl als Wahrnehmungsorgan, er ist „Wahrnehmungsleib" und in diesem deinem Tun rein subjektiv beweglich. „In dieser Hinsicht kommt er nie in Betracht als wahrgenommenes Raumding, sondern hinsichtlich des Systems von so genannten „Bewegungsempfindungen", die im Bewegen der Augen, des Kopfes usw. während der Wahrnehmung ablaufen", heißt es bei Husserl weiter.[206] Der Leib als Aspekt der sinnlichen Daten,

---

[203] Husserl III 2002, 178
[204] Vgl. Luhmann 1998, 392
[205] Held 2002, 20
[206] Husserl I 2006, 67

kinästhetischer Reihen, liegt allem Wahrnehmen zugrunde[207] und muss von der Wahrnehmung des

Leibes als ein Körper im Raum also trotzdem unterschieden werden.

Ganz ähnlich sieht Luhmann die strukturelle Kopplung des biologischen und des

Bewusstseinssystems: „Kein Bewusstsein kann, auch wenn es bei der Außenwelt weilt, sich von der

strukturellen Kopplung an den Körper lösen, wenn der Körper sich bewegt, muss es mit. Deshalb

entwickelt sich Bewusstsein von Anfang an in Identifikation mit dem eigenen Körper und auch

deshalb lernt man rasch und unausweichlich, dass man nicht jemand anderes ist.“[208] Die

unentbehrlichen Zusammenhänge vermitteln strukturelle Kopplungen, die mit der operativen

Geschlossenheit der beiden autopoietischen Systemarten kompatibel bleiben. Auch in der

monadischen Konstitution der ersten Selbstbeobachtung bleibt Luhmann offenbar der Husserlschen

Phänomenologie verhaftet, denn er schreibt: „Auch ist Personalität nicht nötig, um es dem

psychischen System zu ermöglichen sich selbst zu beobachten. Dazu genügt, als zunächst sich

aufdrängender Ersatz, die Beobachtung des als eigenen Körpers, soweit man ihn von außen sehen und

von innen empfinden kann.“[209] Ebenfalls halbwegs analog vollzieht er die Unterscheidung nach der

inneren, „sinnlichen" Wahrnehmung der Bewegung des Körpers und der Wahrnehmung des Körpers

(Leibes) als einen Raumgegenstand.

Während die Husserlschen kinästhetischen Reihen in der Sukzession einsichtig Raum- und

Zeitbewusstsein begründen und eine erste Einheit des Ich als *„Einheit in der Zeit"[210]* ausbilden[211], soll

der Leib, *mein* Leib, mittels „Ähnlichkeitsassoziation" intersubjektive Verhältnisse vermitteln. Die

Ähnlichkeitsassoziation, auch *Appräsentation* oder *Paarung* genannt, stelle ein „Wesensgesetz des

Bewusstseins" dar, durch das ein Ding die „Kenntnisvorzeichnung" eines anderen erhält.[212] Die

Psychologie charakterisiert schon länger bewustes Erleben dadurch, dass es „sehr verschiedene

---

[207] „Das kinästhetische Bewusstsein ist nur eine der Konstitutionsleistungen, die das Bewusstsein schon vollbracht haben muss, wenn Wahrnehmen überhaupt stattfinden soll", schreibt Klaus Held in seiner *Einführung zur Phänomenologie der Lebenswelt* (Held 2002, 21).

[208] Luhmann 2005, 144f. Luhmann setzt aber kein Primat des Körpers wie Husserl, sondern sieht Bewusstsein und Körper wiederum in co-evolutiver Entwicklung.

[209] Ebd.

[210] Brand 1978, 96

[211] Gäbe es nur die sukzessiven, subjekt-situativen Gegebenheitsweisen im Bewusstsein, „so würde uns keine Welt mit identisch verharrenden Gegenständen erscheinen", heißt es bei Held (Held 2002, 8f).

[212] Husserl I 2006, 63

60

Aspekte von etwas Wahrgenommenen „bindet" – im einfachen Fall eines Sehvorgangs etwa Farbe,

Form, Größe und andere Merkmale ein und derselben Gegebenheit".[213] In neurobiologischer Hinsicht

stellt sich das Problem der Verknüpfung der sich abschattenden Seiten des Gegenstandes als ein

topologisch-relationales dar: „Wodurch werden die verschiedenen Aspekte eines bestimmten

Bewusstseinsvorgangs verknüpft, wenn ihm elektrische Aktivitäten zugrunde liegen, die gleichzeitig

in sehr verschiedenen Hirnbereichen stattfinden?"[214], heißt es bei Gierer. Konzentriert man die

Aufmerksamkeit auf die Farbe gesehener Objekte, ergibt sich ein bestimmtes Muster der

Gehirnaktivitäten; ein anderes wird aktiviert, wenn sich die Aufmerksamkeit auf die Form bezieht.

Richtet man sie auf Form *und* Farbe, so entsteht ein drittes Muster.[215] Ebenso lässt sich in der

Entwicklungsforschung das Entstehen von Assoziationen als eine sehr frühe Leistung zeigen.[216]

Problematisch erscheint aber die Appräsentation des Anderen als anderes Bewusstsein in dem fremden

Leib, eine Paarung, die nur aufgrund der Leibähnlichkeit stattfinden soll. „Der erfahrene fremde Leib

bekundet sich fortgesetzt wirklich als Leib nur in seinem wechselnden, aber immerfort zustimmenden

*Gebaren*, derart, dass dieses seine physische Seite hat, die Psychisches appräsentierend indiziert, das

nun in originaler Erfüllung erfüllend auftreten muss"[217], erklärt Husserl den Sachverhalt, doch das

Problem bleibt: Das Selbst muss *sich* als einen Körper im Sinne eines Dinges in der Welt, einen

Raumkörper begriffen haben und zu einer Paarung des Gebarens muss es *sein* Gebaren reflektiert

haben, was einen Wechsel von Selbstreferenz zu Fremdreferenz voraussetzt sowie *im Grunde* sogar

die Beobachtung des eigenen Leibes *von außen*.

---

[213] Gierer 1998, 160
[214] Gierer 1998, 162f
[215] Vgl. Gierer 1998, 162
[216] Vgl. Jean Piagets „Stück-für-Stück-Korrespondenz" als eine Form der Klassifikation, aber auch der logischen Inklusion bei zwei- bis vierjährigen Kindern (Piaget 1996) und auch Jean Claude Bringuier über die Arbeit Piagets: „Die mit etwa anderthalb Jahren erworbene Fähigkeit, einen abwesenden Gegenstand als Vorstellungsbild zu bewahren, setzt die Symbolbildung voraus. Piaget führt die Entwicklung der Repräsentation, der inneren Bilder auf die Verinnerlichung der Nachahmung zurück. Die Vorstellung ist für ihn nicht sinnlicher Niederschlag wahrgenommener Gegenstände, sondern eine Akkommodation von senso-motorischen Schemata, eine aktiv entworfene Kopie" (Bringuier 1996, 11f).
[217] Husserl III 2006, 193. Maurice Merleau-Ponty hat diesen Gedanken aufgegriffen und eine Phänomenologie der Wahrnehmung daraus entwickelt, in der das leibliche Bewusstsein als Grundlage jedes Wahrnehmungsbewusstseins ausgewiesen wird.

So schließt auch Gerd Brand aus Husserl, dass „der erste Leib, den wir als Ding wahrnehmen, nicht mein Leib ist, sondern der fremde Leib".[218] Dass Leib und Seele eine innere Einheit bilden, ist eben noch nicht gleichzusetzen mit der Erkenntnis des Ich als ein *personales*, nach außen wirkendes Ich. Die Apperzeption der fremden Leiber als mit Bewusstsein verknüpft, findet nach Brand vielmehr in einer reziproken Verschränkung der Perspektiven statt: „Während ich die Andern erfahre als Leiber, denen ein Subjekt zugehört, erfahre ich mich als Subjekt, den ein Leib zugehört"[219], obwohl doch Husserl auf der monadischen Konstitution besteht, in der sich appräsentativ eine andere Monade bildet.

## DAS PROBLEM DER MONADENGEMEINSCHAFT

Husserl muss auf seiner Monadologie beharren, da die Monade als Methode ihn vor der *Objektivität* des Wissens bewahren soll. Weil das von ihm als überbewertet und das Subjekt entmündigend kritisierte, *objektive Wahrheitskriterium* der Wissenschaften sich in Intersubjektivität begründet, muss er folglich einen Robinson Crusoe schaffen, um unmittelbare, *evidente* Erkenntnis zu erlangen. Die Monade versetzt seine Theorie aber in die Schwierigkeit, Intersubjektivität rein aus diesem *solus ipse* folgen zu lassen.

Luhmann folgt Husserl noch so weit zu sagen, dass „Menschen einander notwendig wechselseitig als Körperbewohner" voraussetzen; sie könnten einander „sonst weder lokalisieren noch sonst wie wahrnehmen".[220] Körperlichkeit erklärt er sogar zur Prämisse sozialen Lebens. Auch die Bedeutung der Kinästhesen vollzieht er mit, die dem System die Möglichkeit zur Verfügung stellen, sich aus dem

---

[218] Brand 1978, 55

[219] Brand 1978, 56. Brand führt die Paarung schließlich auf den Ausdruck des Anderen zurück, wenn er fortfährt: „Wobei natürlich dieses Zugehören nicht ein Zugehören von zwei Dingen ist. Wie innig diese Zugehörigkeit ist, das zeigt sich schon darin, dass der Leib „Ausdruck" des Anderen ist" (ebd.). Dass der Ausdruck oder vielmehr das Antlitz des anderen Menschen sein Sein als mir ähnlich ausweist, benutzt auch Emmanuel Levinas in seinem Werk *Totalität und Unendlichkeit* und begründet darauf den vom menschlichen Antlitz ausgehenden Imperativ: „Du wirst mich nicht töten." Glücklicherweise beschränken weder Husserl noch Luhmann sich in der Ähnlichkeitsassoziation auf eine bestimmte Gattung. Plessner äußert sich in diesem Sinne zur *Haut* als begrenzende Membran des Leibkörpers: „Die Haut ist keine neutrale Zone und doch das Zwischen von Organismus und Umfeld. Ein totes Ding besitzt lediglich Ränder, durch die es an anderes stößt und an denen es endet. Mit der Haut verhält es sich genau umgekehrt. Sie dient gerade dazu, nicht unmittelbar an anderes anzugrenzen. Sie hält das Innen vom Außen fern. Aber mit ihr endet das Lebewesen nicht, sondern fühlt sich in sein Umfeld hinein. Anders als die Oberfläche eines Dings ist die Oberfläche eines Lebewesens Ausdruck seines Innern, nicht äußerlich-äußere Form" (Zülicke 2000, 78).

[220] Luhmann 1987, 333f

*Hier* in den Zustand des Anderen – das *Dort* – versetzen zu können. „Das erkennende Subjekt

konstruiert ein Analogon zu sich selbst mit leicht veränderten Strukturen und Perspektiven und schafft

sich damit die Möglichkeit einer Doppelprüfung der Realität aus eigener und aus fremder Sicht",

erklärt Luhmann. Die *Konstruktion* des Analogon, von der Luhmann spricht, weist es schon deutlich

aus: Aus Sicht der Differenztheorie ist jede Beobachtung eine Unterscheidung und jede

Unterscheidung kontingent im Hinblick auf die Selektion unter allen möglichen Unterscheidungen.

Die *Paarung* zeigt sich also als eine kontingente Assoziation.

Aus dieser Konsequenz des differenztheoretischen Paradigmas heraus muss Luhmann weiter fragen:

„Aber wie kann ein Bewusstsein auf diese Idee kommen, außerhalb von sich selbst ein Analogon zu

sich selbst zu bemerken; wie kann es auf die Idee kommen, dass beim Anderen ein „Innen" Anderer

gegeben sei, dass dem eigenen „Innen" gleiche und sich von dem „Innen" anderer Systeme

unterscheide; und wenn schon: wie kann in dieser Analogie eine dann doch ganz andersartige

Perspektive hineingearbeitet werden?", fragt er, und weiter: „Wie ist zu erklären, dass dies seit

Jahrtausenden mit stupender Regelmäßigkeit bei allen „normalen" Menschen geschieht?"[221] Je

radikaler das Bewusstsein als *das Subjekt* aufgefasst wird, desto schwieriger sei es zu begreifen, wie es

zur Konstitution eines anderen Subjekts, eines „alter ego" kommen kann. In sich selbst, sozusagen als

Zwischenstück der eigenen Gedankenverknüpfung, findet das Bewusstsein immer nur eigenes

Bewusstsein, aber kein anderes Bewusstsein.[222] Wie kann es dann jemals auf die Idee kommen, dass es

Ich-gleiche Phänomene in der Außenwelt gäbe? „Wir sehn, in jenem Vorgang, die Scheidewand,

welche nach dem Lichte der Natur […] Wesen von Wesen durchaus trennt, aufgehoben und das Nicht-

,ich gewissermaßen zum Ich geworden", schreibt Schopenhauer 1840 in seinem Werk „Über die

Grundlage der Moral – Moral predigen ist leicht, Moral begründen ist schwer" zum Phänomen des von

ihm misstrauisch beäugten Mitleids als einer Form der Einfühlung. Eine solche Öffnung der

Schopenhauerschen Scheidewand widerspräche allerdings Husserls Monadologie.

„Es ist in jeder Hinsicht ein sehr schwieriges Unterfangen, sich eine feste Meinung über die Seele zu

bilden", heißt es dazu schon vor rund 2300 Jahren bei Aristoteles, „es scheint, als ob alle Erfahrungen

---

[221] Luhmann 2005, 49
[222] Vgl. ebd.

der Seele nur in Verbindung mit dem Leib zustande kommen. [...] Freude, sowie Lieben und Hassen; in allen diesen Fällen geht auch mit dem Leibe etwas vor sich. [...] Wenn es aber so ist, dann enthalten offenbar diese Eigenschaften schon in ihrem Begriff etwas Stoffliches. [...] Und das ist schließlich auch der Grund, warum der Physiker zuständig ist für die Untersuchung der Seele" (Aristoteles, 384-322 v. Chr.). Lassen wir statt des Physikers den Gesellschaftstheoretiker zu Worte kommen – und Luhmann kann selbstverständlich auch eine Lösung des Problems anbieten. Denn auch die Theorie der selbstreferenziell geschlossenen Systeme fordert eine Antwort auf seine Fragen nach dem Wie und Woher der Analogie. „Wir ersetzen diese Analogie-Theorie durch eine differenztheoretische Konstruktion. Das Bewusstsein wird nicht durch einen anderen, sich selbst gleichen Fall auf die Idee der Analogie gebracht. Es kann vielmehr an Kommunikation nur teilnehmen, wenn es Mitteilung und Information unterscheiden kann"[223], heißt es also in der systemtheoretischen Variante der Überwindung des circulus vitiosus. Ob sich diese selektive aber auch als eine gelungene Unterbrechung des Zirkels erweist, untersuche ich im anschließenden Kapitel.

---

[223] Ebd.

# SCHLUSSFOLGERUNGEN

*„ Und ebenso deutlich wird,
dass wir uns in einer
supramodalen Sphäre befinden, die einst
ausschließlich
für Gott reserviert war."*

N. Luhmann

Der differenztheoretische Ansatz, so meint Luhmann offenbar, ermögliche ihm, die zirkuläre Bedingung von Subjektivität und Intersubjektivität zu umgehen. Ganz eindeutig geht es in der Theorie autopoietischer Systeme nicht um Subjekte, soviel steht fest. Mit der Einführung der sozialen Systeme jedoch stellt sich auch für seine geschlossen operierenden Systeme die Frage nach der Erkenntnis anderer Systeme als ebenfalls sinnverarbeitende Systeme. Weil soziale Systeme aus Kommunikation bestehen, liegt es nahe, kommunikationsorientierten Lösungswegen zu folgen; da er seinen Kommunikationsbegriff aber als auf Dissens beruhend konstituierte, bleibt ihm diese „konsensuale" Möglichkeit verbaut. Wie verbindet sich aber in der Luhmannschen Theorie die Autopoiese der Einzelsysteme mit der Emergenz sozialer Ordnung? Kann Luhmann über die Kritik, die er an der traditionellen Philosophie übt, wirklich hinaustreten?

## DER WEG

Es gilt, verschiedene Punkte zu untersuchen: Luhmann unternimmt einerseits mit der Differenzierung der Selbstreferenzen den Versuch, das Phänomen der Reflexion des Bewusstseins auf die Autopoiese des Organismus zurückführbar zu machen oder in ihr zu fundieren. Orthogonal dazu differenziert er das Medium des Sinns in drei Dimensionen aus. Ob aus der Verschränkung dieser Pluralisierungen der für das Verstehen anderer Systeme als Sinnsysteme notwendige Strukturreichtum (in besonderer Hinsicht der Erwartungsstrukturen) ableitbar wird, bleibt abzuwarten. Das *Verstehen* als notwendige Bedingung der Identifizierung von Kommunikation gilt Luhmann aber schon als ein kommunikativer Vorgang. Deshalb soll diskutiert werden, ob er sich mit diesem Postulat nicht in eine eigene Monadologie verstrickt, der der Übergang von Einzelsystem zu sozialem Verband (Kommunikation) fehlt. Schließlich werde ich u. a. mit Stein Bråten versuchen zu klären, inwieweit

Luhmann, hätte er auf eine stärkere Kopplung von physischem und Bewusstseinssystem gesetzt und Husserls Kinästhesen stärker in seine Theorie einfließen lassen, dem Problem vielleicht hätte entgehen können. Einige notwendige Zusatzbedingungen werden angeführt.

## SELBSTREFERENZ

Selbstreferenz und Fremdreferenz bilden die Einheit der Verweisungsstrukturen des Systems, beides sind system*interne* Operationen. Andererseits kann die Selbstreferenz auch den Beobachterstandpunkt entgegengesetzt werden und darin Erleben und Handeln konstituieren. Luhmann selbst pluralisiert die Selbstreferenz, indem er sie aus der Beobachterperspektive in verschiedene Aspekte der Beobachtung unterteilt: So kann der Beobachter die Selbstreferenz im Hinblick auf die Unterscheidung von Element und Relation hin beobachten (basale Selbstreferenz), er kann dem Fluktuieren der Elemente der prozessualen Selbstreferenz (Reflexivität) sein Aufmerksamkeit schenken und die Zeitlichkeit der Sukzession entdecken oder aber er kann das System daraufhin beobachten, wie es selbst die Unterscheidung von System und Umwelt handhabt (Reflexion).[224] Luhmann selbst erliegt seiner Pluralisierung, wenn er in vielen seiner Werke leichtfertig diese Begrifflichkeiten in dem einen Begriff der Selbstreferenz vermengt. Dem Leser obliegt die Schwierigkeit anhand des Kontextes erraten zu müssen, um welchen Aspekt der Selbstreferenz es sich in welchem Fall handelt. So kann man ihm selbst jenen Vorwurf machen, den er der Tradition entgegen brachte, eine Paradoxieauflösung über eine Mehrheit von hintereinander geschalteten Unterscheidungen zu vollziehen und damit *sowohl Plausibilität als auch Unsichtbarkeit* zu erreichen.[225]

In der Einführung dieser drei Formen der Selbstreferenz der Systeme verzichtet Luhmann auf eine dialogische Konstitution, was ihm den Vorwurf einer „transzendental-monologischen Art der Selbstreferenzialität" einbringt.[226] In widersprüchlicher Weise konstatiert er jedoch an anderer Stelle: „Selbstreferenz [...] setzt ein Prinzip voraus [...]: „*multiple* Konstitution."[227] Die „doppelte Kontingenz" bzw. der „Dialog [als] das Erfordernis von (mindestens) zwei Komplexen mit

---

[224] Vgl. Luhmann 1987, 600f
[225] Luhmann hatte kritisiert, dass der Unterscheidung Ganzes/Teil die Unterscheidung oben/unten in hierarchischem Sinne angehängt worden war (vgl. Luhmann 1998, 416).
[226] Krüger 1993, 19
[227] Luhmann 1987, 65

divergenten Perspektiven" sei nötig zur Konstitution dessen, „was im System als Einheit (Element)

fungiert: [...] man fühlt sich entfernt an „Dialektik" erinnert."[228] Es wird allerdings nicht deutlich, ob

sich hinter diesen divergenten Perspektiven zwei unterschiedene Systeme verbergen oder doch nur

eine Art „Ego" und „Alter ego" des Systems, das zwischen Selbstreferenz und Fremdreferenz

oszilliert. Einen Hinweis könnte liefern, dass Luhmann an anderer Stelle Selbstreferenz beschreibt als

einen „selbstreferenziell-geschlossenen Prozess, dem die objektivierenden, Standpunkte

neutralisierenden Qualitäten der Fremdbeobachtung notwendigerweise fehlen".[229] Dieser Hinweis

nährt die Vermutung, dass es sich bei der Selbstreferenz zumindest partiell (man denke an die

Reflexion in ihrer Exponiertheit) um eine dialogische Referenz handelt.

## ALTER EGO

Allgemein definiert Luhmann die Selbstreferenz als eine spezielle Form der Beobachtung, sofern die

Unterscheidung zur Gewinnung von ‚Information benutzt wird. Die Begriffe Referenz und

Beobachtung ebenso wie Selbstreferenz und Selbstbeobachtung gewinnt Luhmann in Hinsicht auf

operatives Unterscheiden. Eine Sonderstellung besitzt die Reflexion, da es hierbei um die Einheit der

Differenz von Selbstreferenz und Fremdreferenz bzw. Bezeichnendem und Bezeichneten geht. Das

System benötige Distanz zur Information, in diesem Falle zu sich selbst, damit die Unterscheidung als

Einheit zugänglich werde. Nicht nur erinnert das prinzipiell an die genetische Epistemologie Piagets

(Objektivierung durch Dezentrierung des Erkennenden selbst) und die Tradition dialektischer

Selbsterkenntnis (das An-sich und Für-sich des Bewusstseins bei Hegel), auch gerät die

distanzierende, wenn auch aus Luhmanns Sicht nur differenztheoretisch zu verstehende

*Gegenüberstellung* von Erkennendem und Erkanntem an dieser Stelle tatsächlich stark in die Nähe der

Subjekttheorie und ihrer „sub-objektiven" Ego-/Alter ego-Konstruktion[230].

---

[228] Ebd.

[229] Luhmann 1987, 623. Krüger meint ebenfalls erkannt zu haben, dass es sich nicht um den Perspektivenwechsel im Sinne des sozialen Wechsels von Beobachter und Teilnehmer handelt: „Da er diese Selbstreferenz so versteht, dass sie ohne einen Perspektivenwechsel mit den anderen Beobachtern und Teilnehmern zustande kommt und sich erhält, nenne ich sie die transzendentale Art von Selbstreferenz im Unterschied zur dialektischen oder dialogischen, überhaupt kommunikationsorientierten Auffassung von Selbstreferenz in Relation zur Referenz auf Fremdes oder Anderes" (Krüger 1993, 75).

[230] Luhmann selbst spricht an verschiedenen Stellen von Alter ego und Ego (s. nächster Abschnitt), will aber, indem er die Begriffe zumindest kommunikationstheoretisch entgegengesetzt zur üblichen

## DOPPELTE KONTINGENZEN

Zumindest in Bezug auf soziale Systeme ist die komplementäre Perspektivität nach Luhmann ganz klar über Alter ego und Ego vermittelt. Zur Selbstreferenz des sozialen Systems gehört, dass ihre Elemente aus dem Wechselspiel der Kommunikation entstehen, und ebenso, dass Handlung sich in der Alter-Perspektive selbst kontrolliert: „Im kommunikativen Wechsel zwischen den Teilnehmer- und Beobachterperspektiven entsteht die Perspektive der Selbstbeobachtung, in der Handlungs- als Verhaltenssequenzen und umgekehrt Verhaltens- als Handlungssequenzen durch Zeichenaustausch koordiniert werden."[231] Die Sozialdimension wird nach Luhmann durch den Doppelhorizont des Erlebens und Handelns konstituiert, somit „lässt sich Soziales nicht auf die Bewusstseinsleistungen eines monadischen Subjekts zurückführen."[232] Daran seien alle Versuche einer Theorie der subjektiven Konstitution von „Intersubjektivität" gescheitert. Ein Ich allein könne so gar nicht leben, schließt Luhmann an die sozio-biologische Konstitution sozialer Ordnung von Maturana und Varela an. [233] Luhmann lässt die Theorie autopoietischer Systeme allerdings mit seinem Theorem der doppelten Kontingenz konvergieren, was ihm einerseits den subjektfrei konzipierten Handlungsbegriff ermöglicht und andererseits Handlung als eine reine Beobachterleistung, ein Resultat der Beobachtung basaler Elemente sozialer Systeme, identifiziert. Die Sinneinheit Handlung konstituiert sich als Synthese von Reduktion und Öffnung für Auswahlmöglichkeiten, sie steht für auf Systeme zugerechnete Selektionen.

Die Invisibilität der Strukturdeterminiertheit der Systeme sorgt für eine Unberechenbarkeit und Unmöglichkeit der Kenntnis zukünftigen Verhaltens anderer Systeme, weshalb dies, in Form einer Freiheitskonzession reduziert, an Erleben und Handeln festgemacht wird. Die soziale Dimension des Sinnes entsteht als Resultat des Operierens in dieser doppelten Kontingenz.[234] Daraus lässt sich folgern, dass Sinn zwar dem kommunikativen System vorausgehen muss (da Bewusstsein notwendig schneller ist als Kommunikation, muss es schon mit Sinn prozessiert haben, bevor dieser im

Verwendungsweise benutzt, eine Distanz zu dieser Position behaupten (vgl. Luhmann 1987, 126, 130, 156 u. a., ebenso Luhmann 1998, 156).
[231] Krüger 1993, 18
[232] Luhmann 1987, 120
[233] Vgl. Maturana, Varela 1984
[234] Vgl. Luhmann 1987, 161

Kommunikationssystem auftauchen kann), die soziale Dimension des Sinnes sich aber zirkulär mit dem Prozessieren dieses Sinnes herausbildet. Die Dimensionen des Sinns stellen also, analog der Pluralität der Selbstreferenz, ebenfalls einen beobachterkontingenten *Aspekt* des Mediums dar.

Es zeigt sich aber auch die zirkuläre oder von Luhmann als „co-evolutiv" bezeichnete wechselseitige Bedingung von Reflexion und Kommunikation: „*Reflexion* [...] erfordert ein Mindestmaß an Ausdifferenzierung der Reflexionskommunikation im System, den anders kann nicht klargestellt werden, dass es sich um eine im System praktizierte Unterscheidung handelt, die der Differenz von System und Umwelt einen Sinn gibt, der nicht ohne weiteres auch für die Umwelt gilt."[235] Das System bedarf also zu seiner als Reflexion bezeichneten Selbstreferenz des emergenten Auftretens von Kommunikation bzw. bedeutet dies in weiterer Folge, dass das System schon zu *seiner* Beobachtung in Form von Differenz von System und Umwelt der Existenz eines sozialen Systems bedarf. Das widerspricht der Definition selbstreferenzieller Schließung gegen die Umwelt, von der Luhmann behauptet: „Die Umwelt des Systems hat ihre (wie auch immer sektorierte) Einheit *durch das System selbst.*"[236]

## SYSTEME IN DER UMWELT DES SYSTEMS

Die *Umwelt* ist für das System das abstrakte Andere; andere Systeme dagegen sind für das System *durch sich selbst bestimmte* Andere. Diese Differenz ist nach Luhmann selbst ein Resultat evolutionärer Entwicklung: „Je nachdem, wie tiefenscharf die Umwelt aufgenommen werden kann, erscheinen in ihr mehr und verschiedenartigere Systeme. Verfügt das System [...] über die Fähigkeit zu *verstehen*, kann es die Systeme in *seiner* Umwelt aus *deren* Umwelt begreifen. Es löst damit die primär gegebenen *Einheiten* seiner Umwelt in *Relationen* auf. Dann erscheint dem System seine Umwelt als differenziert in verschiedene System/Umwelt-Perspektiven."[237] Verstehen konstituiert sich aber als Transformationsprozess der Differenz von Handeln und Erleben unter Berücksichtigung der Differenz von System und Umwelt[238], somit also einerseits erst mittels sozialer Reflexionsfähigkeit und andererseits aus der gerade als zirkulär daraus konstituiert herausgestellten Differenz von System

---

[235] Luhmann 1987, 619
[236] Luhmann 1994, 217, Hervorhebung durch mich.
[237] Luhmann 1987, 256, Hervorhebung durch mich.
[238] Luhmann 1987, 110

und Umwelt. Der Zirkel bleibt bestehen, wenn Systeme andere Systeme in der Umwelt als sinnverarbeitend nur beobachten können, sofern sie schon in sozialer Ordnung mit sinnverarbeitenden Systemen leben. Ohne den zirkel bleiben die Fragen offen, wie das System überhaupt auf die Idee kommen soll, in der Umwelt Systeme wie es selbst anzunehmen, wenn es nicht schon eine (nach Husserl) „Urimpression" erlangt hat, die eine Reihe von Appräsentationen hervorrufen kann; und wie es bei gegenseitiger struktureller und operationaler Geschlossenheit möglich sein soll, ein solches sinnverarbeitendes System in der Umwelt zu identifizieren. Auf die letzte Frage hat Luhmann eine denkbar einfache und ebenso unbefriedigende Antwort: „Der vielleicht einfachste Fall ist die Differenzierung [...], ob es sich in der Umwelt um ein System derselben Art handelt, wie das System [...] oder um ein System anderer Art."[239] Und so erfordert dieser „vielleicht einfachste aller Fälle" in seinen Augen auch keine weitere Erläuterung.

Indirekt kristallisiert sich heraus, dass es sich beim Verstehen um den kontingenten Prozess der Erwartungen handelt, die, zu Ansprüchen kondensiert, auch die Personalität des Individuums begründen. Im Falle wechselseitigen Erkennens müssen durch „Ausprobieren" Erfahrungen gewonnen worden sein, die in Situationen doppelter Kontingenz Erwartung reflexiv werden lassen können, so dass das System sich selbst als erwartend weiß: „Das System kann die eigenen Operationen nach wie vor immer nur an die eigenen Operationen anschließen, aber es kann die dafür richtungweisenden Informationen entweder sich selbst oder seiner Umwelt entnehmen. Es geht dabei um ein operatives Ausprobieren von Unterscheidungen – und Ausprobieren in dem Sinne, dass ihre Verwendung Differenzen erzeugt, die in der Form von Systemen entweder kontinuieren oder nicht kontinuieren."[240]

Bezogen auf psychische Systeme versteht Luhmann unter *Erwartung* eine orientierungsform, mit der das System die Kontingenz seiner Umwelt in Beziehung auf sich selbst abtastet und als eigene Ungewissheit in den Prozess autopoietischer Reproduktion aufnimmt.[241] Dabei operiert das System blind innerhalb seiner Umwelt. Kondensieren die Erwartungen durch häufigere Erfüllung als Enttäuschung zu Ansprüchen, so ist das System in die Lage versetzt, die Differenz von System und Umwelt semantisch operationalisierbar zu machen, heißt es in Luhmanns *Soziologische Aufklärung 6*.

---

[239] Luhmann 1987, 257
[240] Luhmann 1998, 82
[241] Vgl. Luhmann 1987, 362

Gemeint ist damit, dass das System, indem es Ansprüche generiert und ablehnt, sich als System in Hinsicht auf seine Ansprüche auszudrücken befähigt, ob das nun sprachlich oder in Form anderen Ausdrucks verläuft.

Der Anspruch, Individuum zu sein, sei in sich schon „der Anspruch auf Ansprüche, ist ein Ansprüche generierendes Prinzip, mit dem man Informationen gewinnen, die Welt testen und sich zugleich dabei selbst bestimmen kann."[242] Ein entscheidender Punkt der Theorie autopoietischer Systeme zeigt sich hier allerdings: Dass nämlich damit der Bezugspunkt der Reflexion von Identität auf Differenz umgestellt wird, weil Reflexion in diesem Sinne Systeme voraussetzt, die sich selbst von der Umwelt schon unterscheiden *und die sich selbst beschreiben können*. Luhmanns Reflexion unterscheidet sich damit begrifflich in doppelter Hinsicht von der Reflexion der Tradition: Einerseits ist der Vorgang nicht mehr allein auf Bewusstseinssysteme beschränkt, sondern allgemeiner gehalten. Andererseits ist es nur unter den genannten Voraussetzungen überhaupt sinnvoll, von Reflexion zu sprechen.

Als Individuum kann ich Erwartungen haben, annehmen und verweigern ohne zu wissen, wer ich bin. Erwartungen und Ansprüche liegen der Reflexion noch zugrunde. Erwartungen entstehen wie alle Strukturen durch Relationierung von Relationen, Strukturen können nur *innerhalb* des Systems gebildet werden und ihre „Grundlage dafür liegt" bezüglich des Bewusstseinssystems „in der [...] Selbstbeobachtung des Systems, in der *gedanklichen* Beobachtung einer *Vorstellung*."[243] Erwartungen sind also rein intern aufgrund interner Relationen gebildete Strukturen. Zunächst ist also keine Möglichkeit des Anschlusses der Erwartungsstrukturen an soziale Systeme erkennbar. Vielleicht hilft die Frage, wie ein autopoietisches System in Hinsicht auf die Verwendung von Sinn andere Sinnsysteme erkennen lernen wollte?

SINN ALS VERBINDENDE FORM

Sinn ist Medium der beiden co-evolutiv entstandenen Systeme Bewusstsein und Kommunikation. Bewusstsein *und* Kommunikation operieren sinnhaft, d. h. sie nutzen die Form des Sinns, die auf beiden Seiten eine Kopie ihrer selbst enthält – denn auch Und-Sinn kann nur im Medium selbst

[242] Luhmann 2005, 129
[243] Luhmann 2005, 73

vorkommen. Sinn besitzt demnach ebenso eine einseitige Fundierung wie Luhmann sie der Ontologie zulasten gelegt hatte. Allerdings wird bei der Form Sinn nicht etwa *Nichts* ausgegrenzt, sondern alles, das nicht in sinnhafter Form vorliegt – und gleichzeitig der zunächst asymmetrisch gegebene Unterschied von Aktuellem und Möglichem symmetrisiert.

Sinn als Medium der Operationen erlaubt den Systemen auch, zwischen sich selbst und anderem zu unterscheiden, also nicht nur die Differenz von System und Umwelt, sondern auch Systeme in der Umwelt zu unterscheiden. „Sinnverwendende Systeme sind schon durch ihr Medium Systeme, die sich selbst und ihre Umwelt nur in der Form von Sinn, und das heißt: mit re-entry der Form in die Form beobachten und beschreiben können", heißt es. „Es gibt keine psychischen und sozialen Systeme, die im Medium Sinn nicht zwischen sich selbst und anderem unterscheiden könnten (welche Freiheiten immer dann in Fragen der Kausalzurechnung aktualisiert werden mögen)."[244] Und konkreter: Von Moment zu Moment wird das re-entry genutzt, wird aktuelle Sinnbehandlung reproduziert und dabei auf Mögliches vorgegriffen. „Systeme, die im Medium Sinn operieren, können, ja, müssen Selbstreferenz und Fremdreferenz unterscheiden", und dies in einer Weise, bei der mit der Aktualisierung von Selbstreferenz immer auch Fremdreferenz und mit der Aktualisierung von Fremdreferenz immer auch Selbstreferenz als die jeweils andere Seite der Unterscheidung mitgegeben ist. Alle Formenbildung im Medium Sinn muss deshalb systemrelevant erfolgen, ob der Fokus der Operation auf Selbstreferenz oder auf Fremdreferenz liegt. Diese Unterscheidung ermöglicht Prozesse, die Luhmann als Lernen, als Systementwicklung oder als evolutionären Aufbau von Komplexität bezeichnet.[245]

## DIE ERWARTUNG ALS KONTINGENTE LÖSUNG

Erwartung ist nun genau als *Sinnform* gemeint; Erwartung ist „kein „subjektiver" Strukturbegriff"[246], kein innerpsychischer Vorgang. Erwartung ist die Protention Husserl, Erwartung ist in Strukturen kondensierter, generalisierender Vorgriff als Unsicherheitsabsorbtion. Ebenso wie Husserl benötigt auch Luhmann die innere Zeitlichkeit des Systems (Subjekts) und er definiert sie in Form der

---

[244] Luhmann 1998, 22
[245] Vgl. Luhmann 1998, 23
[246] Luhmann 1987, 399

*Reflexivität* oder *prozessualer Selbstreferenz*. Die Bildung von Erwartungsstrukturen verspricht einen Ausweg aus dem kommunikativen Zirkel, geht doch der Vorgang der Strukturbildung auf die Autopoiese zurück. Ließe sich also aus der Autopoiese erklären, dass Systeme auf die Idee kommen, Systeme wie sie selbst in ihrer Umwelt zu sehen (man ist sogar geneigt zu sagen: zu suchen)? Aber: Wie kommt man von der Erwartungsstruktur in ihrer allgemeinsten Form zu der Erwartung anderer Sinnsysteme? Eine Untersuchung der Entwicklung der autopoietischen Systeme vom Punkt der Emergenz der Erwartung bis zum funktionierenden Interaktionssystem scheint angebracht. Wir finden dabei jedoch, dass nicht nur die Bildung von Erwartungsstrukturen kontingent ist, auch Lernen und Sozialisation (als eine Art des Lernens) sind bei Luhmann dem Zufall überlassen.

## SOZIALITÄT LERNEN

Lernen heißt, Strukturen aus gegebenem Anlass zu respezifizieren. Strukturen ermöglichen in ihrer Reversibilität eine Gedächtnisfunktion. Auch bei Husserl ermöglicht die innere Zeitlichkeit des Subjekts die Retention und das Erinnern. „Irgendein Zufall, der es ihm [dem System] ermöglicht, sich selbst als bezogen auf soziale Anforderungen zu begreifen, mag den Einstieg ermöglichen", lautet die unergiebige Antwort auf die Frage, wie denn Systeme in einer Umwelt, in der sie ebenfalls sinnverarbeitende Systeme ausgemacht haben, den Umgang miteinander lernen. Findet dieser Zufall nicht statt (was nach Luhmanns Theorie durchaus in den Bereich des Möglichen fallen müsste), so könnte es folglich dazu kommen, dass Systeme keinerlei Sozialisation erfahren oder nicht beginnen zu lernen. Beides ist bezüglich des Menschen empirisch unmöglich (Ausnahmefälle mögen unberücksichtigt bleiben), weil der Systemkomplex Mensch ohne soziales Gefüge nicht überlebensfähig ist, zumindest bis zu einem gewissen Entwicklungsstand. Ebenfalls flach bleibt Luhmann, wenn er schreibt: „Aller Anfang ist leicht. Unbekannte signalisieren sich wechselseitig zunächst einmal Hinweise auf die wichtigen Verhaltensgrundlagen: Situationsdefinition, sozialer Status, Intention [...]."[247] Man erkennt, dass Luhmann wie auch Husserl in seiner Analyse von Erwachsenen, also schon sozialisierten, schon mit Kommunikation und Sprache in Berührung gekommen Individuen ausgeht, weshalb der Anfang selbstverständlich leicht ist, da er weiter auf dem Zirkelt beruht, de ungelöst bleibt. Aber wie kommt das System zur Interaktion?

---

[247] Luhmann 1987, 184

# EIN MÖGLICHER AUSWEG: HUSSERLS KINÄSTHESEN UND BRÅTENS DYADE

Fassen wir das Dargestellte zusammen, so zeigt sich, dass autopoietische Systeme in ihrer Geschlossenheit notwendig Selbstreferenz und Fremdreferenz vollziehen, um sich zu erhalten. Das Bewusstseinssystem benötigt zum Prozessieren der Elemente eine Anreicherung mit Sinn, der aus der Umwelt gewonnen werden kann. Die Ereignisse kondensieren in Strukturen, die sich zu Erwartungen verdichten; Reflexivität erhält das System, wenn dies Ansprüche generiert. Die Differenz von System und Umwelt, die dem System gegeben sein muss, kann bei ausreichender Komplexität die Kontingenz der Umwelt erkennbar werden lassen, wenn Erwartungen abwechselnd enttäuscht und erfüllt werden.

Interpretiere ich Luhmanns Theorie weiter, so entwickelt sich daraus Systemvertrauen (welches einfacher zu erlernen sein soll als personales Vertrauen[248]), sofern die Erwartungen in angemessener Weise Erfüllung finden. Vertrauen verlagert das Problem der Unsicherheit in das System, indem es die Problematik des Komplexitätsgefälles zu einem Problem innerer Sicherheit transformiert. Es ist ein erlernbarer Vorgang, der nach Luhmann in der Kindheit „als Trennung von Ich und Du" und durch die Erkenntnis des Du „als anderes Ich"[249] entsteht. Dadurch lassen sich schließlich Situationen doppelter Kontingenz ordnen und das Erwarten wird reflexiv.[250] Der Lernvorgang findet dabei in persönlicher Beziehung statt. Es böte sich eine Theorie „dyadischer Konstitution" an, wie Stein Bråten 2003 sie liefert, um endlich zu klären, *wie das System zu der Erkenntnis des Du als anderes Ich* kommt.

Bråten beschreibt in *Beteiligte Spiegelung – Alterzentrische Lernprozesse in der Kleinkindentwicklung und der Evolution* die Konstitution eines körperlich vermittelten Zugangs zum Alter ego, wie sie der Säuglingsforschung entspricht. Wie bei Husserl mit seinen Kinästhesen bildet sich das erste Erkennen über den Leib aus, ist der Organismus in seiner Eigenorganisation *innerhalb der Körpergrenzen* durch die systemische Relationierung der Elemente und Prozesse von der Außenorganisation des Universums dadurch unterschieden, dass, was immer geschieht, durch die Prozessualität der Innenorganisation bestimm wird.

---

[248] Vgl. Luhmann 2000
[249] Luhmann 2000, 32f
[250] Vgl. Luhmann 1987, 412

Dabei verwendet er allerdings die Erkenntnis, dass „man erwarten kann, dass Säuglinge andere wiederspiegeln und sich im Zuge von sich gegenseitig ergänzenden Gesten und Bewegungen in einer sich selbst erneuernden Dyade mit Erwachsenen und anderen entfalten. Neurophysiologische Erkenntnisse haben ein Spiegelbildsystem im menschlichen Hirn entdeckt, welches vermutlich diese Art von Spiegelungen unterstützt"[251], während Luhmann Nachahmen und Spiegelung *nicht* zur Erklärung der Ausbildung von Strukturen heranziehen will. Er meint, Strukturbildung und Strukturänderungsprozesse rein „morphogenetisch" erklären zu müssen[252], was ihm das Problem der (leibnizschen) monadischen Systeme einbringt. Der Ausweg über die Ego/Alter ego-Konstitution verwickelt ihn nebenher wieder in dieselben Probleme, die er bei Husserl und anderen Subjekttheoretikern kritisierte: Die Intersubjektivität (Interaktionen bzw. soziale Systeme) aus dem Subjekt (System) selbst heraus erklären zu müssen.[253]

Auch der Verweis auf die Sinndimension hilft nicht weiter, da Sinn als ein grundlegendes Medium schon vorhanden sein muss, damit Sinn als solcher in den einzelnen Dimensionen prozessiert werden kann. Die Entfaltung der Selbstreferenzen scheitert weiter an dem Übergang der rein organismisch basierten, basalen und der prozessualen Selbstreferenz bzw. einer monadisch verstandenen Reflexion der reinen Differenz von System und Umwelt, zu einer Reflexion innerhalb des sozialen Systems mit seinem Wechsel der Perspektiven und der Konstitution des *Ich* im Unterschied zum *Du*. Und auch die Unterscheidung von Erleben und Handeln setzt voraus, dass Verhalten als solches immer schon zugerechnet wird, wenn sie tatsächlich zu einem Wechsel von einer Beobachter- zur Teilnehmerperspektive führen soll.[254]

Husserl bot hier einen Ausweg an, indem er mit seiner phänomenologischen Methode zu ähnlichen Ergebnissen kommt wie die Entwicklungsforschung. Demnach können Kinder schon in einem sehr

---

[251] S. Bråten, *Beteiligte Spiegelung.* Auch für Husserl ist es grundlegend, dass in der Selbsterfahrung immer eine *ursprüngliche* Paarung von Alter und Ego gegeben ist, wenn auch bei ihm aufgrund der Notwendigkeit der monadischen Konstitution (s. Kapitel 5) Alter in primordialer Gegebenheitsweise auftreten muss.
[252] Luhmann 2005, 73
[253] Und nebenbei in den Widerspruch, ein „zweites Ich" im Bewusstsein abzulehnen und ein ebensolches in Form der Teilnehmerperspektive über die Kommunikation wieder einführen zu müssen.
[254] Ansonsten würde das System die ganze Umwelt als „belebt" erleben können. Dass das anfänglich der Fall ist, zeigt beispielsweise Michael Tomasello, wenn er nachweist, dass es für Kinder selbstverständlich ist, Gegenstände *animistisch* als belebt wahrzunehmen (vgl. M. Tomasello)

frühen Entwicklungsstadium die Vorstellung entwickeln, den Platz des Anderen einzunehmen und räumlich den ersten perspektivenwechsel vollziehen. Dabei ist aber die Idee anderer *Bewusstseine* noch lange nicht ausgeprägt. Das ist ein Lernvorgang, wie Luhmann auch richtig erkannte, der aber durchaus über Nachahmung und Spiegelung verläuft. Im Verlauf von Nachahmen im Wechsel mit eigener Aktivität kann sich Sinnhaftes in der Umwelt über Strukturbildung herauskristallisieren und die Erwartung kondensieren, dass weiterhin Sinn aus der Umwelt aufgenommen werden kann.

## DIE ANNAHME EINES PRÄ-KOMMUNIKATIVEN VERSTEHENS

Die Reziprozität der Perspektiven, ob in traditionellem Verständnis oder in der Doppelung der Perspektiven in Erleben und Handeln, kann meiner Ansicht nach zu einem, in Luhmanns Sinne unmöglichen, *prä-kommunikativen* Verstehen führen, einem „basalen" Verstehen, dem in grober Näherung Luhmanns Vorstellung des vorsprachlichen Bereichs mit seinen Interaktionssystemen entspricht. Zeichen als Formen, vermittelt durch Gesten und Laute, bilden danach das basale Verständnis aus, Systeme in der Umwelt wahrzunehmen. Im Nachahmen als erstes Spiel wechselseitiger Wahrnehmung bei Säuglingen, in der Spiegelung des Ausdrucks[255], bildet sich die *grundlegende* und nach Luhmann „unentbehrliche Form der Sozialität"[256] aus. „Sozialität auf dieser Ebene nutzt die Komplexität und die Fokussierfähigkeit des Wahrnehmens und erzeugt eine Gegenwart – fast ohne Zukunft", schreibt Luhmann.[257] Wie weit er mit der Vermutung über die Zeitlosigkeit eines solchen Umgangs recht hat, sei dahingestellt.

Das zeitliche Verständnis eines Neugeborenen bzw. eines sich ausbildenden Systemkomplexes mag allerdings recht gering sein. da allerdings Luhmann ebenso wie Husserl die Zeitlichkeit in die temporalisierte Autopoiese bzw. die Innerlichkeit des Subjekts verlagert hatte, müsste hier also nur differenziert werden nach der Nah-Zeitlichkeit und einer fernen Zeit (Zukunft und Vergangenheit betreffend), die sich erst in kommunikativen Wechselverhältnissen ausbildete. Meine These eines prä-

---

[255] Bråten beschreibt, dass „schon Neugeborene den Gesichtsausdruck von Erwachsenen mit derselben Art von Ausdruck erwidern können" und wie sie bereits in den ersten Lebenswochen an einem gegenseitigen Zusammenspiel mit der Fürsorgeperson teilnehmen und darauf reagieren, wenn der andere nicht voll dabei ist (vgl. Bråten).
[256] Luhmann 1998, 93
[257] Ebd.

kommunikativen, dyadischen Entstehens eines sozialen Erkennens bzw. Verstehens berührt dies allerdings nicht.

## DAS PROBLEM DER KOMMUNIKATION

Die Erklärung der Emergenz der Kommunikation überlässt Luhmann den Evolutionstheoretikern.[258] Er belässt es dabei zu erklären, dass Kommunikation immer auf Kommunikation rekurrieren können muss, ohne solche Bezugnahme „fände sie überhaupt keinen Anlas sich zu ereignen"[259], sowie einen Verweis auf die Theorie der „economy of cognition" zu leisten, nach der der „Evolutionszweig Mensch" nicht aufgrund überlegener Fähigkeiten zur Ausbildung kam, sondern wegen der besonderen kognitiven Anforderungen des sozialen Feldes menschlicher Gemeinschaft.

Denselben Gedanken verfolgen Maturana und Varela in *Der Baum der Erkenntnis,* wenn sie daraus folgern: „So kommt es also, dass das Auftreten der Sprache beim Menschen und des gesamten sozialen Kontextes, in dem sie auftritt, jenes (so weit wir wissen) neue Phänomen des Geistes und der Selbstbewusstheit als die intimste Erfahrung der Menschheit erzeugt. Ohne eine geeignete Geschichte von Interaktionen ist es unmöglich, an diesem menschlichen Bereich teilzuhaben", jedoch erlauben sie dem Selbstbewusstsein nur einen rein sprachlichen Bereich einzunehmen: „Gleichzeitig ist der Geist als Phänomen des in-der-Sprache-Seins im Netz sozialer und sprachlicher Kopplung nichts, das sich in meinem Gehirn befindet. Bewusstsein und Geist gehören dem Bereich sozialer Kopplung an, und dort kommt ihre Dynamik zum Tragen"[260], während Luhmann Bewusstsein (Selbstreflexion in diesem Fall) und Kommunikation zwar als co-evolutiv betrachtet, aber gesondert behandelt. Dabei irritiert seine These der Co-Evolution die Asymmetrie der beiden Sinnsysteme: denn das Bewusstsein kann durchaus nicht-sprachlich agieren und bestehen, die Kommunikation findet ohne beteiligtes (gekoppeltes) Bewusstsein aber nicht statt. Alfred Gierer behauptet in *Im Spiegel der Natur erkennen wir uns selbst* von der Emergenz des Phänomens der Selbstreflexion einen Zusammenhang mit dem *strategischen Denken* als wesentlicher Faktor der Entwicklung des Homo sapiens.[261] Welche Theorie

---

[258] Vgl. Luhmann 2005, 170
[259] Luhmann 1998, 86
[260] Maturana, Varela 1984, 252
[261] Gierer 1998, 202

auch immer, sicher ist, dass *Intersubjektivität* in Form von interpersonalen Beziehungen oder Interaktionssystemen *vor Sprache* geben muss.

## FAZIT

Es scheint mit, dass Luhmann in der Kritik an Husserls Phänomenologie die Möglichkeit übersah, seine Theorie zu erweitern. Sieht man von der monadischen Konstitution ab, aus der sich bei Husserl Welt und Subjekte ergeben, bietet sein Ansatz der Kinästhesen im Vergleich mit der aktuellen Säuglings- und Entwicklungsforschung überraschende Erkenntnisse. Das Problem der Erkenntnis über Systeme in der Umwelt des Systems ließe sich mit einem veränderten Begriff des *Verstehens* vielleicht überwinden. Zum Vorbild könnte beispielsweise Husserls Differenzierung von „komprehensiven" und „kommunikativ intentionalen Akten" gereichen.[262]

Da die Theorie in ihren grundlegenden Strukturen einander näher sind, als man anhand der Begrifflichkeiten meinen würde, wäre es durchaus möglich, die Genauigkeit der theoretischen Analyse Husserls für die Systemtheorie fruchtbar zu machen. Da Luhmann aus eigenen Strukturen nicht zu einer Vermittlung von psychischem und sozialem System gelangt, ohne das Kritisierte in anderer Form (in mehrfach ineinander geschachtelter Unterscheidung, die, wie schon erwähnt, ebenso invisibilisiert wie sie Plausibilität schafft) wieder einzuführen, gerät sein Versuch der sozio-biologischen Fundierung der Kommunikation und der autopoietischen Rückführung der Reflexion ins Stocken und kommt nur wenig über die Transzendenz der Metaphysik hinaus. Luhmann führt allerdings auch hier eine eigene Begrifflichkeit und verweist statt auf transzendentale Ideen auf die Evolutionstheorie, die das Problem lösen solle oder – ganz untypisch empirisch – sogar den Zufall bzw. das Glück.[263]

---

[262] Vgl. Prechtl 1991, 93f, 96
[263] „Glück" verwendet Luhmann im Zusammenhang mit der Erfahrung anderer, sinnhaft prozessierender Systeme. In der Interaktion mit einem anderen System (also unter doppelter Kontingenz) unterstellten sich beide als black boxes Determinierbarkeit aus Gründen der Komplexitätsreduktion (vgl. Kapitel 3). „Mit dem Versuch, ihn aus seiner Umwelt heraus zu beeinflussen, kann man Glück haben und Erfahrungen sammeln", worauf sich die Erwartung festige, andere Systeme würden ebenfalls strukturdeterminiert operieren (Luhmann 1987, 156).

So gerechtfertigt seine Kritik also sein mag, überwindet Luhmann das der Intersubjektivität selbst nicht, sondern formuliert es um in einen empirisch-soziologischen Sachverhalt. Eine einfache Lösung schiene dabei zu sein, die Unmöglichkeit der Voraussetzungslosigkeit jeder Erkenntnis auszuweiten auf die Unmöglichkeit der Autopoiese eines Systems wie des Menschen, der notwendig in sozialer Gemeinschaft sich entwickeln muss. Während also in Interaktionssysteme (oder mit Luhmann *Interpenetrationssysteme*) wie der Fürsorge des Säuglings in Lernprozessen welcher Art auch immer die notwendige Komplexität entwickelt wird, um an komplexeren sozialen Systemen teilnehmen zu können, aus einem basalen (prä-kommunikativen) Verstehensprozess schließlich die Selektivität von Kommunikation erkannt wird, wirken System und Umwelt immer im Sinne der Maturanaschen *Perturbationen* wechselseitig aufeinander und der Aufbau der Systemkomplexität ist nicht unabhängig von der Komplexität des ihn umgebenden sozialen Systems zu denken. Demnach wären Bewusstsein und Kommunikation zwar nicht absolut co-evoluiert, aber das erklärte zumindest die Asymmetrie des Verhältnisses von Bewusstsein und Kommunikation und erlaubte es weiterhin auch von der Existenz von Systemen mit non-kommunikativem Bewusstsein auszugehen.

## SCHLUSS

Was Luhmann für eine Öffnung in Richtung auf eine genetische Epistemologie fehlt, ist die Beobachtung, die Maturana und Varela zur Annahme *wechselseitig strukturierter* Perturbationen führte: die Genese von Systemen aus der Zellteilung oder anderen Replikations- und Reproduktionsmechanismen.[264] Es fällt nicht immer leicht, den Zeitpunkt zu bestimmen, an dem ein in Entstehung befindliches System den autopoietischen Grad der Abgeschlossenheit hat, an dem es autonom zu nennen ist, vor allem bei komplexeren Systemen. Die Entwicklung eines solche komplexen Verbundes dreier Systemarten, des physischen, psychischen und sozialen, verlangt eine Klärung und, meiner Ansicht nach, eine Öffnung in Hinsicht auf Übergangsphasen.

Es ist nicht eindeutig bestimmbar, wann sich bei der Entwicklung eines Fötus, Säuglings oder Kleinkinds das Bewusstsein als System gegenüber der Umwelt in Form der Differenz von System und Umwelt geschlossen hat oder schließlich zur Reflexion gekommen ist. Was aber offensichtlich ist, ist

---

[264] Vgl. Maturana, Varela 1984

die dyadische Beziehung des Fötus mit der Mutter, zumindest in Hinsicht auf biologische Vorgänge.

Es scheint mir daher möglich, Luhmann Theorie der autopoietischen Systeme soweit zu modifizieren, dass die Entstehung und Schließung der Systeme, die letztlich in der Zuschreibung als „Person" gipfeln, im Übergang begriffen und mit einer leiblichen oder sogar leiblich-seelischen, dyadischen Genese in Einklang gebracht werden kann.

Aus der Dyade heraus beginnt das System über die Erfahrung der Leiblichkeit den Raum und vermittelst der Erlebnisse die Zeit und daraus eine grundlegende Einheit zu entwickeln bzw. grundlegende Strukturen kondensieren zu lassen. Das Raum- ebenso wie das Zeitgefühl müssen schließlich auch die Existenz als getrenntes Wesen offenbaren, wenn der eigene Leib als nicht identisch mit der Umwelt bzw. dem Bezugssystem der Dyade erkannt wird, beispielsweise da das dazu gehörige, schon autonome Gegenüber nicht an genau demselben Ort befindlich und nicht zu jeder Zeit anwesend ist.

Die Schließung der Systemarten geht so *in* einem sozialen Verhältnis vor sich und bildet damit das grundlegende Wissen um Sozialität schon mit der Schließung und Differenzierung von der Umwelt aus. Die Trennung von der Dyade schließlich ermöglicht, dass aus unreflektiertem Spiegeln, das als Struktur aus der dyadischen Gemeinschaft und dem fötalen, biologischen Verbundensein entstanden ist, eingebettet in die Entwicklung ermöglichende Beziehung, die Erkenntnis um die eigene Entität gewonnen wird und sich ein Bewusstsein der Differenz von System und Umwelt ebenso wie die Fähigkeit zur Kommunikation ausbildet. Diese gründet als prä-kommunikative Möglichkeit in den ersten Differenzerfahrungen bei Versuchen des Spiegelns und wird im Kondensationsprozess strukturell abstrahiert.

Aber auch Husserls Phänomenologie besitzt, obwohl ausgehend von einem in aller Voraussetzung schon sozialen und bewussten Denken, das keine ἐποχή absolut ausschalten können wird – und sei es nur, dass die Beschreibung der Erkenntnis in Form der Sprache auf diese Voraussetzungen zurückführt – die Ansätze der dyadischen Konstitution des Subjekts, das vor aller Erkenntnis seine Erlebnisse von der Umwelt trennen muss, was also nicht von vornherein der Fall ist bzw. keine primordiale Tatsache darstellt, sondern als ein Prozess gelesen werden kann, und den Schritt der Erkenntnis um seine räumliche, also leibliche Einzelung vollziehen muss, um zum Bewusstsein seiner letztlich monadischen Existenz zu gelangen.

Im Zuge der Individualisierung des sich entwickelnden Systemkomplexes findet dann auch die Erfahrung der Aspekte der Selbstreferenz statt, ob analog mit Husserl als Bewusstsein des „Ich kann" und der immanenten Zeitlichkeit oder in Form der basalen und der prozessualen Selbstreferenz des Systems. In welcher Hinsicht sich schließlich das Bewusstseinssystem als sinnhaft operierendes System den Aspekten des gegebenen Sinns zuwendet, bleibt auszuarbeiten. Meine Vermutung wäre allerdings, da die soziale Dimension dann ebenfalls schon grundgelegt ist, in einer „basalen" Form also primordial gegeben sein muss, sich der zeitliche Sinn der Prozessivität und die Sinnhaftigkeit der umgebenden (und im sozialen Gefüge kulturell überformten!) Sachwelt sich aus dieser heraus oder damit gleichzeitig entfaltete.

Fest steht für mich, dass weder Subjekt noch Systemverbund ‚Mensch' außerhalb einer sozialen Umgebung überhaupt zur Entstehung kommen. So gesehen liegt Luhmann richtig mit seinem Verweis auf die Fundierung der Sozialität in der Autopoiese, jedoch setzte er mit seiner Analyse nicht früh genug (fetal) an. Es bleibt ein Problem der Methode (bei Husserl) bzw. des Ausgangspunktes (bei Luhmann), das zum Problem der Vermittlung zwischen den Entitäten führt. In diesem Sinne endet meine Analyse mit einem Stück aus Goethes „Torquato Tasso":

*„ES IST WOHL ANGENEM, SICH MIT SICH SELBST*

*BESCHÄFT'GEN, WENN'S NUR SO NÜTZLICH WÄRE.*

*INWENDIG LERNT KEINE MENSCH SEIN INNERSTES*

*ERKENNEN, DENN ER MISST NACH EIGNEM MASS*

*SICH BALD ZU KLEIN UND LEIDER OFT ZU GROSS.*

*DER MENSCH ERKENNT SICH NUR IM MENSCHEN, NUR*

*DAS LEBEN LEHRET JEDEN, WAS ER SEI."*

81

# LITERATURVERZEICHNIS

Ahrendt, Hannah, 2002, *Vita activa* oder *Vom tätigen Leben*, 2002 Piper Verlag GmbH, München

Boëtius, Henning, 1997, *Ich ist ein Anderer – Das Leben des Arthur Rimbaud*, 1997, Vito von Eichborn GmbH & Co Verlag KG, Frankfurt am Main

Brand, Gerd, 1978, *Edmund Husserl – Zur Phänomenologie der Intersubjektivität, Texte aus dem Nachlass, aus Husserl, Scheler, Heidegger in der Sicht neuer Quellen*, Beiträge von Ernst Wolfgang Orth, Gerd Brand 1978, Manfred S. Frings, Walter Biemel, Phänomenologische Forschungen Bd. 6/7, 1978 Verlag Karl Alber, München/Freiburg/Breisgau

Bråten, Stein, 2003, *Beteiligte Spiegelung – Alterzentrische Lernprozesse in der Kleinkindentwicklung und der Evolution*, 2003, Velbrück Wissenschaft, Weilerswist

Bringuier, Jean-Claude, *Jean Piaget – Im allgemeinen werde ich falsch verstanden*, 1996, Europäische Verlagsanstalt, Hamburg

Gierer, Alfred, 1998, *Im Spiegel der Natur erkennen wir uns selbst – Wissenschaft und Menschenbild*, 1998, Rowohlt Verlag GmbH, Reinbek bei Hamburg

Heisenberg, Werner, *Quantentheorie und Philosophie*, 2003, Phillip Reclam jun. GmbH & Co., Stuttgart

Held, Klaus, *Einleitung*, aus *Edmund Husserl – Die phänomenologische Methode, Ausgewählte Texte I*, herausgegeben von Klaus Held, 2006, Phillip Reclam jun. GmbH & Co., Stuttgart

Held, Klaus, II, *Einleitung*, aus *Edmund Husserl – Die phänomenologische Methode, Ausgewählte Texte II*, herausgegeben von Klaus Held, 2002, Phillip Reclam jun. GmbH & Co., Stuttgart

Husserl, Edmund, I, *Analyse der Wahrnehmung*, aus *Edmund Husserl – Die phänomenologische Methode, Ausgewählte Texte I*, herausgegeben von Klaus Held, 2006, Phillip Reclam jun. GmbH & Co., Stuttgart

Husserl, Edmund, II, *Konstitution und Intersubjektivität*, aus *Edmund Husserl – Die phänomenologische Methode, Ausgewählte Texte I*, herausgegeben von Klaus Held, 2006, Phillip Reclam jun. GmbH & Co., Stuttgart

Husserl, Edmund, III, *Die phänomenologische Fundamentalbetrachtung*, aus *Edmund Husserl – Die phänomenologische Methode, Ausgewählte Texte II*, herausgegeben von Klaus Held, 2002, Phillip Reclam jun. GmbH & Co., Stuttgart

Kant, Immanuel, *Grundlegung zur Metaphysik der Sitten*, 1999, Felix Meiner Verlag GmbH, Hamburg

Krempel, Stefan, *Ich – Wer ist das heute?, Das Subjekt zwischen Verschwinden und Selbstinszenierung*, Essay 1995 http://viadrina.euv-frankfurt-o.de/~sk/sj.html#anchor1573490

Krüger, Hans-Peter, *Perspektivenwechsel – Autopoiese, Moderne und Postmoderne im kommunikationsorientierten Vergleich*, 1993 Akademie Verlag GmbH, Berlin

Lévinas, Emmanuel, *Totalität und Unendlichkeit – Versuch über die Exteriorität*, 2002, Karl Alber GmbH, Freiburg/München

Luhmann, Niklas, *Soziologische Aufklärung 6 – Die Soziologie und der Mensch*, 2. Auflage 2005, VS Verlag für Sozialwissenschaften/GWV Fachverlage GmbH, Wiesbaden

Luhmann, Niklas, *Soziale Systeme – Grundriss einer allgemeinen Theorie*, erste Auflage, 1987, Suhrkamp Taschenbuch Wissenschaft, Frankfurt am Main

Luhmann, Niklas, *Vertrauen: Ein Mechanismus der Reduktion sozialer Komplexität*, 4. Auflage, 2000, Lucuis & Lucuis Verlagsgesellschaft mbH, Stuttgart

Maturana, Humberto R., Varela, Francisco, *Der Baum der Erkenntnis – Die Wurzeln des menschlichen Erkennens*, 2. Auflage 1984, Goldmann Verlag, München

Maturana, Humberto R., *Kognition*, aus *Der Diskurs des radikalen Konstruktivismus*, herausgegeben von Siegfried J. Schmidt, 1987, Suhrkamp Taschenbuch Verlag, Frankfurt am Main

Piaget, Jean, *Einführung in die genetische Erkenntnistheorie*, 6. Auflage, 1996, Suhrkamp Taschenbuch Verlag, Frankfurt am Main

Prechtl, Peter, *Husserl zur Einführung*, 1991, Junius Verlag GmbH, Hamburg

Roth, Gerhard, *Erkenntnis und Realität – Das reale Gehirn und seine Wirklichkeit*, aus: *Der Diskurs des radikalen Konstruktivismus*, herausgegeben von Siegfried J. Schmidt, 1987, Suhrkamp Taschenbuch Verlag, Frankfurt am Main

Sartre, Jean Paul, *Das Sein und das Nichts – Versuch einer phänomenologischen Ontologie*, 7. Auflage, 2001, Rowohlt Verlag GmbH, Reinbek bei Hamburg

Schuldt, Christian, *Systemtheorie*, 2. Auflage, 2006, eva wissen- Europäische Verlagsanstalt, Hamburg

Spencer Brown, George, *Laws of Form – Gesetze der Form*, 1997, Bohmeiser, Lübeck

Tomasello, Michael, *Die kulturelle Entwicklung des menschlichen Denkens*, 2002, Suhrkamp Taschenbuch Verlag, Frankfurt am Main

Zülicke, Freddy, *Selbstorganisation und Naturphilosophie (Naturteleologie) – Reflexionen zum Begriff „Selbst" in modernen Selbstorganisationstheorien*, 2000, Traude Junghans Verlag, Cuxhaven & Dartford

[i] Ist das dann auch unsere Zukunft, wenn die sich weiter ausdifferenzierende Gesellschaft eine komplexitätsreduzierte Kommunikation in immer einfacheren generalisierten Medien vorbringt?